· THAILÄNDISCHE ·
KÜCHE

·THAILÄNDISCHE· KÜCHE

Kurt Kahrs

KÖNEMANN

This book was designed and produced by
Quintet Publishing Limited
6 Blundell Street
London N7 9BH

Creative Director: Peter Bridgewater
Art Director: Ian Hunt
Designer: Annie Moss
Project Editor: Caroline Beattie
Contributing Editor: Joanna Lorenz
Photographer: Neyla Freeman

Originaltitel: Thai Cooking

© 1995 für die deutsche Ausgabe
Könemann Verlagsgesellschaft mbH
Bonner Str. 126, D-50968 Köln
Redaktion der deutschen Ausgabe: Daniela Kumor, Köln
Satz der deutschen Ausgabe: Sabine Emrich, Köln
Übersetzung aus dem Englischen: Angelika Feilhauer, Ravensburg
Druck und Bindung: Sing Cheong Printing
Printed in Hong Kong
ISBN 3-89508-113-2

DANKSAGUNG

*Mein aufrichtiger Dank gilt Frau Saing Poukwan, die sich um die Zubereitung der
Gerichte kümmerte und ohne deren Unterstützung dieses Buch nicht entstanden wäre,
ferner Ancharee Premruthai, Ratchada Chisang, Nittaya Praratkun und Nujaree
Ruason für ihre Hilfe in der Küche und Jurirat Rongpaopong für die Hilfe bei den
Arrangements. Mein Dank geht auch an Siriporn Buranaphan für die freundliche
Ausleihe vieler der Requisiten und an Herrn Virasoot Kunanugon, dem Eigentümer
der Suktawee Apartments, für die Benutzung seiner Einrichtungen.*

WIDMUNG

*Ich möchte meinem Bruder Danny dafür danken, daß er mich veranlaßte (zwang),
nach Thailand zu kommen, und für all seine Hilfe seitdem. Mein Dank gilt auch
meiner Schwester, die mich in die süßere Seite der Kochkunst einführte, und meinen
Eltern, die mir beim Start meiner Laufbahn als Koch halfen und zeigten, daß gutes
Essen – wie das Leben – etwas ist, daß man genießen muß.*

INHALT

EINLEITUNG

Keine andere Landesküche erfreut sich derzeit einer solchen Welle der Beliebtheit wie die thailändische Küche. Noch vor etwa zehn Jahren besaß sie in Europa und den meisten Teilen der USA Seltenheitswert, und davor war sie so gut wie unbekannt. Doch nun ist die thailändische Küche im Westen in nur wenigen Jahren fast aus dem Nichts zu einer der beliebtesten exotischen Küchen aufgestiegen.

Noch wichtiger als die zunehmende Zahl von Restaurants ist das wachsende Angebot an Zutaten, die dieser südostasiatischen Küche ihren Charakter geben. Ganz allmählich eröffnen – zumindest in großen Städten – thailändische Lebensmittelgeschäfte, und die besser sortierten bieten heute auch schon frisches thailändisches Obst und Gemüse an. Mehr und mehr Köche im Westen können sich daher an authentischen Versionen zahlreicher thailändischer Gerichte versuchen. Dabei ist eine Art Schneeballeffekt zu beobachten: Während thailändische Rezepte immer populärer werden, steigt die Nachfrage nach Zutaten, und für die Geschäfte wird es lohnender, sie einzuführen. Durch den Wettbewerb unter den Herstellern thailändischer Lebensmittel findet man letztlich im Westen ein besseres Angebot. Ich habe in den letzten zwei bis drei Jahren festgestellt, daß die Geschäfte in London oder New York heute bessere Currypasten-Marken anbieten, als ich hier in Bangkok kaufen kann.

Der Rahmen für diese üppige und vielfältige Küche ist die kulinarische Tradition Südostasiens: Die Basis bilden Reis und Nudeln, Fisch und Gemüse finden häufiger Verwendung als Fleisch, helles Fleisch wird dunklem vorgezogen, und am allerwichtigsten sind aromatische Zutaten und Gewürze, insbesondere Chillies. Diese zentrale Rolle der Gewürze erscheint den meisten Menschen als die typischste Eigenschaft thailändischer Speisen. Und tatsächlich ist es die phantasievolle und sorgfältige Verwendung von Gewürzen, die dazu beiträgt, der thailändischen Küche den Status einer großen Küche zu geben.

Das zweite, was die thailändische Küche vermutlich so reizvoll und interessant macht, ist die enorme Vielfalt an Gerichten. Diese beiden charakteristischen Eigenschaften – Gewürze und Vielfalt – beruhen auf der Lage des Landes im Zentrum Südostasiens. Thailand liegt nämlich zwischen den beiden größten asiatischen Küchen – der chinesischen und der indischen Küche – und hat von beiden viel übernommen. Natürlich ist Thailand mehr als nur ein Zentrum der Kochkunst. Menschen, Kultur, Politik, Kunst – jeder dieser Teilbereiche des Lebens spiegelt sich in dem

wider, was zu einem grundlegenden thailändischen Charakterzug geworden ist, nämlich Einflüsse von außen aufzunehmen und zu etwas Neuem, Einzigartigem zu vermischen. Aufgrund seiner Lage zwischen südostasiatischem Festland und südostasiatischer Inselwelt hatte Siam, wie das Land bis weit in dieses Jahrhundert hieß, nie die Möglichkeit, sich nach außen abzuschotten. Um überleben zu können, nahm das Land im Laufe der Jahrhunderte immer wieder die Einflüsse seiner Nachbarn auf.

Dennoch wäre es zu einfach, die thailändische Küche auf der kulinarischen Landkarte irgendwo zwischen China und Indien anzusiedeln. Die meisten der Einflüsse erfolgten nicht direkt, sondern über Thailands Nachbarländer Birma, Kambodscha, Laos und Malaysia, die alle zu einem anderen Zeitpunkt in der Geschichte ihre Spuren hinterließen. Die Thai haben ein bemerkenswertes Talent bewiesen, stets das Beste daraus zu machen und alles auf charakteristische Weise zu verbinden.

Einige der Zutaten, die so typisch für die Gerichte sind, haben einen noch weiteren Weg hinter sich. Chillies, die manchem nach den ersten Mahlzeiten vielleicht fast wie ein Synonym für die thailändische Küche erscheinen, kamen ursprünglich aus Mittel- und Südamerika. (Pfeffer heißt interessanterweise *phrik thai*, was wörtlich übersetzt »thailändische Chillies« bedeutet, und ist älter als die scharfen grünen und roten Chillies, die portugiesische Händler im 16. Jahrhundert über Europa aus der Neuen Welt einführten.) Ohne Chillies muß die Thai-Küche zweifellos anders ausgesehen haben, aber die Begeisterung, mit der sie in so viele Gerichte des Landes einbezogen wurden, ist nicht zu leugnen. Offenbar verlor man keine Zeit, die relativ späte Einführung der Chillies wettzumachen.

Zusammen haben diese Einflüsse aus dem Ausland – etwa indische Aromen, die über Birma kamen, muslimische Gerichte aus Malaysia, Klebreis und rustikale, bittere Aromen aus Laos, im Wok gegarte Speisen und gedämpfter Fisch, die von chinesischen Einwanderern mitgebracht wurden – die Thaiküche zu einer Küche werden lassen, die starke regionale Unterschiede aufweist. In einem typischen thailändischen Restaurant im Westen wird das nicht sofort offenbar, und viele der interessanteren Gerichte fehlen auf der Speisekarte, da sie als zu »provinziell« gelten. Zudem sind die Besitzer vieler Restaurants Thai chinesischer Abstammung, was natürlich zur Folge hat, daß mehr Gerichte nach chinesischer Art angeboten werden. In Thailand unterscheidet sich eine Mahlzeit, wie man sie typischerweise im Nordosten an den Laos gegenüberliegenden Ufern des

GEGENÜBER *Eine Frau bereitet in einem Boot auf dem Markt den ganzen Tag über Speisen zu.*

LINKS *Fliegende Händler, die süße oder pikante Köstlichkeiten anbieten, findet man überall in Thailand.*

RECHTS *Der berühmte schwimmende Markt Khun Pitak nahe Bangkok.*

Mekong bekommt, recht stark von den Gerichten, die im muslimischen Süden nahe der Grenze zu Malaysia serviert werden.

Es ist diese regionale Vielfalt, die mich, seit ich in Bangkok lebe, immer mehr fasziniert. Ich bereise zu jeder Gelegenheit das Land und habe die typischen Rezepte jeder Region Thailands zusammengetragen. Am unverwechselbarsten sind zweifellos die des Südens, Nordens und Nordostens, was vor allem daran liegt, daß diese Gegenden in kulinarischer Hinsicht am längsten isoliert waren. Es war lange schwierig, in Bangkok Restaurants mit einer breiten Palette an Gerichten aus diesen Landesteilen zu finden, und dies hat sich erst kürzlich geändert. Aber auch der Golf von Thailand, das Zentrale Tiefland und Bangkok selbst sind wichtige kulinarische Regionen. Der Golf hat dem Land vor allem Gerichte mit Fisch und Meeresfrüchten geschenkt. Das Zentrale Tiefland, das Hauptreisanbaugebiet Thailands, ist das Kernland der traditionellen Küche. Bangkok ist nicht nur der kulturelle Schmelztiegel des Landes, sondern auch bekannt für die Küche seiner chinesischen Bevölkerung und seine königliche Küche oder Palastküche.

IN EINER THAI-KÜCHE

Eine traditionelle thailändische Küche spiegelt in ihrer Anlage und Ausstattung sowohl die Lebensbedingungen dieses tropischen Landes als auch die grundlegenden Garmethoden wider. Ihr »Kern« liegt an der Kochstelle, die von einer fest installierten Herdstelle bis zu einem einfachen Steingutbecken mit Holzkohle reichen kann. Man kocht stets über offenem Feuer, wodurch ein Backofen überflüssig wird. Da man viele Speisen bei starker Hitze brät, ist Belüftung sehr wichtig, und bei Häusern im alten Stil ist die Küche oft tatsächlich ein getrennter Bau mit Lattenwänden.

Natürlich ist die traditionelle Küchengestaltung, so wie viele traditionelle thailändische Lebensweisen, in raschem Wandel begriffen. Thailand erlebt nun schon seit vielen Jahren einen wirtschaftlichen Aufschwung, und während die Thai die alten Holzhäuser durch Betongebäude und europäische Architektur – in Bangkok vor allem durch Wohnblocks – ersetzen, werden auch ihre Küchen denen im Westen immer ähnlicher.

Dennoch haben einige der alten Grundregeln noch Gültigkeit. Die wichtigsten Garmethoden sind bis heute Dämpfen, Kochen und Braten geblieben, und daher wird auf dem Herd gegart und nicht im Backofen. Eine der Methoden, die die Thai von den Chinesen übernommen haben, ist das rasche Garen bei starker Hitze, und in einem *kata* (Wok) pfannengerührte Gerichte spielen eine ganz große Rolle in der Küche. Dazu ist es von enormem Vorteil, wenn man eine starke offene Hitzequelle besitzt. Im Westen kommt natürlich das Garen über Holzkohlenfeuer nicht in Frage, Gas eignet sich jedoch besser als Strom.

Zudem hat das heiße Klima seine Wirkung auf Küchenausstattung und Garmethoden. Bis vor kurzem gehörten weder Kühlschränke noch Klimaanlagen zum allgemeinen Standard, und die thailändische Küche mußte der Tatsache Rechnung tragen, daß Nahrungsmittel in der Hitze rasch verderben. Daher wurden die meisten täglich frisch auf dem Markt gekauft, und es gibt nur wenige Gerichte, die aus Resten bereitet werden (eine Ausnahme bilden Reisgerichte: *khao phad*, oder gebratener Reis, das thailändische Standardrezept für Reste). Überdies gibt es eine große Vielfalt an konservierten – in Salz- oder Essiglake eingelegten, getrockneten und fermentierten – Nahrungsmitteln. Einige der bekanntesten sind eingelegter Knoblauch (*krathiam dong*), getrocknete Chillies und getrockneter Fisch (*phrik haeng* und *plaa haeng*), in Salz eingelegte Eier (*khai khem*) und Fischsauce (*nam plaa*). Sie werden, eventuell zusammen mit etwas gegartem Reis, traditionell in einem Speiseschrank aufbewahrt, der durch Fliegengitter geschützt ist und dessen Beine in Wasserschalen stehen, um Ameisen fernzuhalten. Heute tritt jedoch immer häufiger der Kühlschrank an seine Stelle.

GARMETHODEN UND KÜCHENGERÄT

Die wichtigsten Kochutensilien sind der *kata* (Wok), ein schwerer Topf und ein Dampfkochtopf. Da es beim Garen im Wok darauf ankommt, daß möglichst viel Hitze entsteht, ist ein Wok mit flachem Boden nützlicher. Beim Pfannenrühren ist es wichtig, nur wenig Öl zu verwenden, es aber sehr rasch auf hohe Temperatur zu bringen. Zutaten, die durch Pfannenrühren gegart werden sollen, gibt man auf einmal in den Wok und bewegt sie ununterbrochen mit einem Spatel, während man gleichzeitig den Wok schüttelt. Die starke Hitze soll die Poren der geschnittenen Zutaten schließen, damit sie ihr Aroma bewahren und knusprig und schmackhaft bleiben. Zu langsames Pfannenrühren führt dazu, daß Gemüse welk und halb gedämpft werden. Ein Tip für harte, feste Gemüse:

LINKS *Der bekannte chinesische Wok ist ebenso häufig zu finden wie die thailändische Form, die einen Stiel hat (*UNTEN*).*

OBEN *Ein nützliches, aber nicht unverzichtbares Gerät zum Garen von Nudeln und Blanchieren von Gemüsen.*

MITTE LINKS *Ein Spatel mit abgerundeter Kante, um im Wok Zutaten durchzuheben.*

MITTE RECHTS *Ein Sieblöffel ist hilfreich, um während des Kochens Zutaten in den Topf zu geben bzw. herauszunehmen.*

LINKS *Dämpfeinsätze aus Bambus, von denen man bis zu drei übereinandersetzen kann.*

LINKS *Ein Mörser zum Zerreiben oder Zermahlen von Gewürzen und anderen Zutaten ist unverzichtbar. Die Mahlgeräusche sind in jedem thailändischen Heim zu hören.*

RECHTS *Hackbrett und Hackmesser werden sowohl für sehr grobe als auch feine Schneidarbeiten verwendet.*

Man schneidet sie in recht kleine Stücke, und nach ein bis zwei Minuten Pfannenrühren schaltet man den Herd aus oder reduziert die Hitze stark und legt einen großen Deckel auf den Wok, was bewirkt, daß sie noch ein wenig gedämpft werden.

Für das Kochen von Speisen wie *kwitiaow nam* und *khao tom kai,* ist ein tiefer Topf notwendig. Zum Zugeben oder Herausnehmen der Zutaten verwenden Thai hübsche Sieblöffel aus Messingdraht mit Bambusgriffen, doch ein großer Schaumlöffel oder ein kleines Sieb erfüllt seinen Zweck ebensogut. Zum Garen von Reis ist ein weiterer Topf erforderlich, doch heute besitzt fast jede Familie in Thailand einen elektrischen Dampfkochtopf. Man erzielt damit zuverlässigere Ergebnisse und spart zudem Zeit.

Die dritte wichtige Garmethode ist das Dämpfen, und vor allem Fischgerichte wie *haw mok plaa* werden gedämpft. In Thailand verwendet man dazu gewöhnlich einen chinesischen Dämpftopf aus Aluminium, der aus einem Behälter für Wasser, auf den einer oder mehrere perforierte Aufsätze gesetzt werden, und einem Deckel besteht. Solche Töpfe sind in chinesischen Lebensmittelläden preiswert erhältlich, man kann aber auch als Provisorium einen Durchschlag in einen tiefen Topf hängen. Ein Deckel verhindert auch hier das Entweichen von Dampf. In den unteren Behälter darf nicht zu viel Wasser gefüllt werden, gleichzeitig muß man aber darauf achten, daß es beim Garen nicht völlig verdampft. Eine traditionelle thailändische Dämpfmethode besteht darin, Speisen in Blätter einzuwickeln. Die Blätter verleihen der Speise etwas von ihrem Geschmack und wirken zudem beim Servieren sehr dekorativ. Am häufigsten werden Bananenblätter verwendet, Pandanblätter *(bai toei)* eignen sich jedoch auch.

Einer der Hauptzüge der thailändischen Küche ist die Bedeutung, die der Vorbereitung zugemessen wird. Viele der hier vorgestellten Gerichte lassen sich tatsächlich sehr rasch und problemlos garen, aber der Vorbereitung der Zutaten muß recht viel Zeit gewidmet werden. Oft besteht sie hauptsächlich darin, die Zutaten zu schälen, zu hacken und in Häufchen herzurichten: Bei im Wok gegarten Gerichten muß man die Zutaten gewöhnlich in rascher Folge hinzufügen, daher sollten sie griffbereit liegen. Wer Gäste zu einem thailändischen Essen eingeladen hat, wird bemerken, daß einige Speisen erst im letzten Moment zubereitet werden, was man berücksichtigen sollte, wenn man vor dem Essen Drinks reicht.

Dies ist ein weiterer Grund, auf verschiedene Arten gegarte Gerichte in ein Menü einzubeziehen: Gedämpfte Speisen kann man sich selbst überlassen, gebratene Gerichte erfordern hingegen bis zum letzten Moment ständige Aufmerksamkeit.

Zu der Grundausstattung für vorbereitende Arbeiten gehören ein Hackbrett (besser noch zwei), ein Hackmesser oder großes Küchenmesser, mittelgroße und kleine Küchenmesser sowie ein Mörser. In Thailand verwenden professionelle Köche zum Schneiden fast ausschließlich ein chinesisches Hackmesser, das sie mit großer Geschicklichkeit handhaben, wer aber mit westlichen Messern besser vertraut ist, sollte diese verwenden. Sie müssen jedoch stets absolut scharf sein.

In Thailand benutzt man zwei Arten von Mörsern. Der eine wird für leichtere Arbeiten benutzt und ist ein relativ tiefer, einfacher Mörser aus Keramik mit einem Stößel aus Holz. In ihm werden die Zutaten zerstampft. Den zweiten Mörser nimmt man für schwerere Arbeiten. Er besteht ganz aus massivem Stein wie etwa Granit, ist flacher und nicht ganz rund. In ihm werden die Zutaten auch zerrieben. Bei größeren Zutatenmengen kann überdies der Mixer oder die Küchenmaschine verwendet werden.

Dekorativ geformtes Obst und Gemüse

Das Schneiden von Obst und Gemüse zu dekorativen Formen nimmt in der königlichen Küche oder Palastküche Thailands einen besonderen Platz ein. Diese Gestaltung roher Nahrungsmittel ist eine Kunst für sich, doch schon in einfacher Form verleiht sie einer (zum Beispiel) thailändischen Mahlzeit eine reizvolle Note, etwa wenn man Gemüse für Dips nicht einfach zerkleinert, sondern zu hübschen Formen schneidet. Die Grundausstattung ist unkompliziert: Man benötigt ein scharfes Küchenmesser mit einer Spitze und eine Schale mit Wasser, vorzugsweise Eiswasser, damit sich die geschnittenen Teile nicht verfärben. Es ist zweifellos eine zeitraubende Arbeit. Wie viel Zeit man braucht, hängt jedoch davon ab, welchen Anspruch man an sich hat.

Eine der einfachsten Methoden ist, kleine runde Gemüse wie Tomaten und *makheua puang* (Erbsenauberginen) durch eine Reihe fortlaufender

LINKS *und* UNTEN *In einfache Formen geschnittenes Obst oder Gemüse verleiht jedem Gericht eine feine Note.*

diagonaler Einschnitte zu teilen. Chillies können zu Blüten werden, indem man sie zweimal im rechten Winkel von der Spitze bis fast zum Stielansatz tief einschneidet. Man legt die Schote flach auf ein Hackbrett, hält sie am Stiel fest und schneidet sie von der Spitze bis zum Stielansatz durch. Dann kratzt man die Kerne heraus und legt die Schote in eine Schale mit Eiswasser. Die Enden biegen sich von selbst nach außen. Ähnlich kann man mit einer Frühlingszwiebel verfahren: Zunächst kürzt man sie bis zu der Stelle ein, wo der weiße Teil beginnt, dann nimmt man dieses Ende in eine Hand und schneidet es auf die gleiche Weise vom verdickten Ende aus tief ein. Auch hier werden sich die weißen Enden nach außen biegen. Die »Blüten« legt man bis zum Gebrauch in eine Schale mit kaltem Wasser.

Salatgurken eignen sich ausgezeichnet zum Einritzen von Mustern, weil sie einerseits fest sind, und andererseits die dunkle Schale einen wirkungsvollen Kontrast zu dem darunterliegenden hellen Fleisch bildet – ähnlich wie eine Kamee. Man schneidet gerade so tief, daß die Schale entfernt wird. In Thailand formt man zudem aus den kleineren thailändischen Salatgurken oft Blätter, bei den größeren europäischen und amerikanischen Gurken muß man die Blätter aus dicken Scheiben schneiden.

EIN THAILÄNDISCHES MENÜ

Den westlichen Eßgewohnheiten entsprechend wird man im Ausland in der Regel vermutlich ein oder zwei thailändische Gerichte ausprobieren, wenn man zuhause kocht. Ein europäisches oder amerikanisches Abendessen besteht gewöhnlich aus Vorspeise, Hauptgericht und Dessert, und thailändische Speisen lassen sich in dieses Schema perfekt einpassen. Man könnte, beispielsweise, mit einer pikanten Suppe wie *tom yum kung* beginnen, dann ein Rindfleisch-Curry wie *panaeng neua* servieren und zum Schluß das beliebte Cremedessert *sangkhyaa* reichen.

Die Eßgewohnheiten in Thailand unterscheiden sich jedoch recht stark von unseren, und man wird dieser wunderbar vielfältigen Küche am besten gerecht, wenn man sich mehr an die dort übliche Speisenfolge hält. Zunächst einmal ißt man in Thailand selten allein. Thai ziehen Gesellschaft beim Essen vor, je mehr Leute, desto besser. Ein wichtiger Grund liegt darin, daß so der ganze Tisch eine große Vielfalt von Speisen teilen kann, und Teilen hat in Thailand einen hohen Stellenwert.

An einem thailändischen Eßtisch hat jeder Gast einen eigenen Teller, eine Gabel und einen Löffel, und falls es Suppe gibt, bekommt er meist auch eine eigene kleine Schale, gewöhnlich mit einem chinesischen Keramiklöffel. Das Essen – mehrere Speisen, die gleichzeitig oder nacheinander aufgetragen werden können – kommt in die Mitte des Tisches, und jeder Gast bedient sich selbst (oder er bedient, was höflicher ist, seine Nachbarn). Reis nimmt die zentrale Rolle bei der Mahlzeit ein und wird entweder in einer großen Schale auf den Tisch gestellt oder vom Gastgeber jedem einzelnen Gast serviert. Die Reihenfolge der Speisen ist unwichtig. Gewöhnlich beginnt man mit einer kleinen Portion von einem Gericht, die man zum Reis gibt, und bedient sich dann an einem anderen Gericht, wobei man den gleichen Teller und den gleichen Reis verwendet. Üblicherweise werden Gerichte aber nicht auf dem Teller vermengt.

Wie das Spektrum der Rezepte in diesem Buch zeigt, besteht die große Mehrzahl thailändischer Gerichte aus kleingeschnittenen, vermengten Zutaten, und die größten Stücke sind gewöhnlich auch mundgerecht. Nur wenige Speisen, wie etwa gefüllte Hühnerflügel und große Flußkrebse können nicht zerkleinert werden, und daher serviert man sie portionsweise. Diese Art der Zubereitung macht es natürlich erheblich einfacher, auch einmal überraschenden Besuch zu bewirten. Man erhöht einfach die Mengen oder bereitet ein zusätzliches Gericht zu.

Im Idealfall erfolgt die Zusammenstellung der Speisen möglichst ausgewogen. Feste Regeln gibt es hier nicht, es ist einfach eine Frage des Geschmacks. So kann sich beispielsweise ein ausgewogenes Essen für sechs Personen neben Reis aus einem Curry, einem Salat, einer Suppe, einem kleinen *nam phrik* (Chili-Dip), einem gebratenen Gericht und gedämpftem Fisch zusammensetzen. Man serviert diese Speisen mehr oder weniger gleichzeitig (Suppe wird anders als im Westen, wo sie dem Hauptgericht vorausgeht, zum Essen gereicht) oder trägt den gedämpften Fisch etwas später auf. Nach der Hauptmahlzeit serviert man vielleicht Obst oder möglicherweise ein gegartes Dessert. Zudem könnte man einige Snacks wie *kratong thong* zu Drinks reichen, bevor man sich an den Tisch setzt.

Die bei jedem Rezept in diesem Buch angegebenen Portionen sollen einen Anhaltspunkt geben, doch letztlich hängen sie davon ab, wie viele Gerichte bei einer Mahlzeit serviert werden, wie groß der Appetit der Gäste ist, und wie viele Chillies im Essen sind – je mehr Chillies verwendet werden, desto weniger wird sich jeder Gast nehmen (dafür steigt der Reisverbrauch).

THAILÄNDISCHE NAMEN

Die thailändische Sprache hat, wie die Küche, verschiedene Wurzeln und entspringt letztlich dem Chinesischen und Indischen. Sie gehört zur Gruppe der Thaisprachen, die Südchina, Laos, den Schanstaat in Birma und Assam umfaßt. Der chinesische Einfluß wird am deutlichsten in der großen Zahl einsilbiger Wörter und den Tonlagen offenbar.

Die Tonlagen machen Menschen aus dem Westen meist die größten Schwierigkeiten bei der richtigen Aussprache des Thailändischen, da die Wörter gewöhnlich durch verschiedene Tonlagen eine völlig andere Bedeutung bekommen. Im Thailändischen gibt es fünf Tonlagen – normal, hoch, tief und – für ungeübte Ohren am schwierigsten zu erfassen – ansteigend und fallend. In Thailand kennt man eine Reihe von Zungenbrechern, die die Bedeutung der Töne erhellen, wie etwa »mai mai mai mai«, das im richtigen Tonfall gesprochen »grünes Holz brennt nicht« bedeutet und eine Art thailändische Version von »Fischers Fritze fischt frische Fische« ist!

Die Thai-Schrift jedoch macht es Eingeweihten recht deutlich, wie die einzelnen Wörter betont werden sollten, und die hübsche Schrift auf den Päckchen importierter thailändischer Gewürze und anderer Lebensmittel zeigt den indischen Einfluß. Die Schrift entspringt dem Dewanagari-System, das sich von Indien über Kambodscha ausbreitete. Im allgemeinen stellt, wie in unserem Alphabet, jedes Zeichen einen Buchstaben dar, und Worte werden von links nach rechts geschrieben (Vokale werden aber auch über, unter, vor und hinter Konsonanten gesetzt oder gar nicht geschrieben).

Es gibt ein offizielles Transkriptionssystem in die lateinische Schrift, das aber mit Mängeln behaftet ist. Es ignoriert beispielsweise die Tatsache, daß einige Buchstaben anders ausgesprochen werden, wenn sie am Ende eines Wortes stehen. (So wird das thailändische Wort für Zucker »nam taal« geschrieben, aber »nam taan« ausgesprochen.) Und was Speisekarten betrifft, gibt es ohnehin fast ebenso viele Umschriften wie Restaurants, und viele thailändische Restaurantbesitzer verfahren einfach nach Lust und Laune.

Ich habe in diesem Buch das Haas-System verwendet, das auf den folgenden Regeln basiert:

Konsonanten

Der Kehlkopfverschlußlaut findet sich in Thailand in der gesprochenen Sprache recht häufig. (Im Deutschen kommt er zum Beispiel bei dem Wort Antarktis vor.)

Kh, ph, th Dies sind aspirierte Versionen von k, p und t wie bei »Küche«, »Pein« und »Tusche«, jedoch aspiriert gesprochen. Ph, wie im Namen der Ferieninsel Phuket, klingt nicht wie f!

Ng   Wie bei »Ding«; das g wird nicht getrennt gesprochen.

R   Wird deutlich ausgesprochen, etwa wie »rot«. Vor allem in Bangkok tauschen viele Thai r und l gegeneinander aus.

Alle anderen Konsonanten werden erwartungsgemäß ausgesprochen.

Vokale

a	wie in »platt«
aa	wie in »Glas«
e	wie in »Bett«
ae	wie in »Bär«, ohne Aussprache des r
oe	wie in »Stör«, ohne Aussprache des r
o	wie in »Gong«
aw	wie in »Rohr«
o	wie im englischen »tone«
i	wie in »Sinn«
ii	wie in »tief«
ia	wie in »ziehen«
u	wie in »Butt«
oo	wie in »Huhn«
ai	wie in »mein«
eu	schwierig: die Mitte der Zunge anheben und Lippen entspannen, aber weit aufmachen
eu	lange Variante des oben genannten eu. Ebenso schwierig.
ao	wie in »Maul«

ahaan: Essen
ba mii: Eiernudeln
bai: Blatt
bai horapa: Basilikum
bai karii: Curryblatt
bai kluai: Bananenblatt
bai krapao: heiliges Basilikum
bai krawaan: Lorbeerblatt
bai makrut: Kaffir-Limettenblatt
bai mangluk: Zitronenbasilikum
bai saranae: Minze
bai toei: Pandanblatt
chaam: Schale
chawn: Löffel
champoo: Rosenapfel
dawkjan: Muskatblüte
dip: roh
dok kluai: Bananenblüte
dong: eingelegt
fak: Bittergurke
farang: ausländisch
haeng: getrocknet
hawm lek: Schalotte
hed hom: getrockneter Pilz
hed hoonoo: Wolkenohr-Pilz
hoi: Schalentier, Schale
hoi malaeng poo: Miesmuschel

hoi naang rom: Auster
hoi shell: Jakobsmuschel
huad: Dämpftopf für Klebreis
huajai: Herz
jaan: Teller
ka: Galgant/laos (Ingwerart)
kaan ploo: Nelken
kaeng: Curry
kaeng cheud: klare Suppe
kaeo: Glas
kai: Huhn
kalamplii: Kohl
kamin: Kurkuma
kanoon: Jackfrucht
kapi: Garnelenpaste
karii: Curry nach indischer Art
kata: Wok
keun chai: Staudensellerie
khai: Ei
khai khem: in Salz eingelegtes Ei
khanom chiin: Nest aus Reisnudeln
khao: Reis
khao hom malii: nach Jasmin duftender Reis
khao niaow: Klebreis
khao phad: gebratener Reis

khao plao: gedämpfter Reis
khao suay: gegarter Reis
khem: salzig
khiao: grün
khing: Ingwer
khom: bitter
khrog: Mörser
khuad: Flasche
kluai: Banane
kob: Frosch
krachai: Wurzel, kleinere Ingwerart
krajab: Wasserkastanie
kratai: Kaninchen
krathiam: Knoblauch
khrathiam dong: eingelegter Knoblauch
kreung kaeng: Currybasis
kreung nai: Innereien
kung foi: (große) Garnelen
kung haeng: getrocknete Garnelen
kung narng: (kleine) Garnelen
kwitiaow: Reisnudeln
laab: pikantes Hackfleisch
lamut: Sapodilla
lamyai: Longan
laos: Galgant/ka (Ingwerart)
lin: Zunge
linchii: Litchi
lon: gegarte Sauce
look chiin: Fischbällchen
look chiin neua: Fleischbällchen
lookjan: Muskatnuß
ma muang: Mango
mafeung: Sternapfel
makhaam: Tamarinde
makheua puang: Erbsenaubergine
makheua thaed: Tomate
makheua khun: runde Aubergine
makheua yao: Aubergine
makrut: Kaffir-Limette
malakaw: Papaya
malii: Jasmin
mann: Yamswurzel
man farang: Kartoffel
man samrong: Tapioka
manao: Limette
maphrao: Kokosnuß
met: Same, Nuß
met ma muang: Cashewkern
mii: Nudeln
miid: Messer
mongkut: Mangostane
moo: Schweinefleisch
mussaman: muslimisch
nam: Wasser
nam kathii: Kokosmilch

nam man: Öl
nam man hoi: Austernsauce
nam manao: Limettensaft
nam phrik: Chilisauce (viele Sorten)
nam plaa: fermentierte Fischsauce
nam siew: chinesische Sojasauce
nam som: Orangensaft, Essig
nam som makhaam: Tamarindenwasser
nam taan: Zucker
nam taan peuk: Palmzucker
neua: Rindfleisch
ngaa: Sesam
ngaw: Rambutan
noi naa: Zimtapfel
nok: Vogel
nok krachab: kleiner Reisvogel
nok krathaa: Wachtel
normai: Bambussprosse
ob cheuy: Zimt
op: backen
ped: Ente
paeng: Mehl
pew makrut: Kaffir-Limettenzeste
phad: pfannengerührt
phak: Gemüse (insbesondere Grüngemüse)
phak bung: Wasserspinat
phakchii: Koriander
phakchii farang: Petersilie
phao: Braten
phed: chilischarf
phonlamai: Obst
phriaw: sauer
phrik: Chilischote
phrik chiifaa: fingergroße Chilischote
phrik haeng: getrocknete Chillies
phrik kii noo: kleine, sehr scharfe Chillies
phrik num: mittelgroße grüne Chillies aus dem Norden
phrik thai: schwarzer Pfeffer
phrik thai sod: grüne Pfefferkörner
phrik yawk: Paprikaschote
piik: Flügel
ping: geröstet, gebacken, gegrillt
plaa: Fisch
plaa haeng: getrockneter Fisch
plaa khem: gepökelter Fisch
plaa meuk: Kalmar
plaa raa: dicke, fermentierte Fischsauce
poi kak bua: Sternanis
poo: Krebs
puak: Taro

raadnaa: übergießen mit, verziert mit

raan ahaan: Restaurant

rawn: scharf

saa kwitiaow: Sieblöffel

saag: Stößel

sai: Innereien

sangkhyaa: Eiercreme

sapparod: Ananas

sataw: thailändische dicke Bohnen

sawm: Gabel

sen lek: Reis-Fadennudeln

sen mii: schmale Reis-Bandnudeln

sen yai: breite Reis-Bandnudeln

sod: frisch

som: Orange

som aw: Pomelo

somsaa: Zitrone

sors phrik: Chilisauce

taeng kwa: Salatgurke

tai: Süden

takiab: Stäbchen

takrai: Zitronengras

talaad: Markt

taohoo: Tofu

taohooyii: eingelegter Tofu

tao jiaw: eingesalzene Sojabohnen

tap: Leber

thalae: Meer

thong: Gold

thua: Bohne

thua ngawk: Bohnensprossen

thurian: Durian

tod: gebraten (einzelne Stücke)

ton hom: Frühlingszwiebel

toon: gedämpft

waan: süß

woon sen: Glasnudeln

yad sai: gefüllt

yam: Salat

yang: rösten, braten

yen: kalt

yiiraa: Kreuzkümmel

yod: Ende, Spitze

ZUTATEN

ANANAS *(sapparod)* In der Küche wird die Ananas gern wegen ihres kontrastierenden süßen Geschmacks verwendet, wie bei *khaeug khua sapparod hoi malaeng poo.* Sie dient auch als Grundzutat für das großartige *khao po sapparod.*

AUBERGINE *(makheua yao)* In Thailand gibt es verschiedene Auberginensorten, von denen keine den im Westen erhältlichen Auberginen genau gleicht. Kleine, runde Sorten gibt es ebenso wie lange, dünne, und ihre Farbe reicht von Purpurrot über Gelb bis zu Weiß, manche sind sogar gestreift. Die Sorte *makheua yao* (wörtlich: »lange Aubergine«) ist den Auberginen in Europa und Amerika am ähnlichsten. Eine andere Sorte, *makheua khun,* ist rund und hart und hat knackiges Fleisch, aber wenig Geschmack. Sie wird roh als Beilage für *laab* (pikantes Hackfleisch) und einige Currys verwendet. Siehe auch Erbsenaubergine.

BAMBUSSPROSSEN *(normai)* Lange, fasrige Schößlinge mit weißem Fleisch. Gewöhnlich kauft man sie in Dosen, bereits geschält und vorgegart.

BANANE *(kluai)* Im Westen kennt man vorwiegend die langen, recht festen Bananen mit einem milden Geschmack, die aus Mittelamerika kommen. Der thailändische Koch hat jedoch die Wahl zwischen mehr als zwei Dutzend Sorten. Am häufigsten werden Zwergbananen verwendet, die erheblich kleiner und süßer sind als die in westlichen Lebensmittelgeschäften normalerweise erhältlichen Bananen. Zudem benutzt man unreife, grüne Bananen.

LINKS *Das reiche Warenangebot eines Marktes in Bangkok. Seit jeher werden die Lebensmittel für den Tag frühmorgens frisch eingekauft.*

RECHTS *Eine Auswahl von getrocknetem Fisch, Garnelen und Kalmar.*

BANANENBLÄTTER *(bai kluai)* Sie werden zum Einwickeln und Garen von Speisen verwendet. Die dunkelgrünen, ungenießbaren Blätter sind sehr groß, und daher schneidet man sie oft in kleinere Stücke. Zudem finden Bananenblüten *(dok kluai)* Verwendung – das Herz der Blüte wird aufgeschnitten und gegessen.

BASILIKUM *(bai horapa, bai mangluk, bai krapao)* Diese drei Arten sind alle ein wenig anders, was aber nur dann zum Tragen kommt, wenn mehr als eine Art als Garnierung für einen mit Fleisch zubereiteten Salat verwendet wird. Die gebräuchlichste Art, *bai horapa,* ist europäischem Basilikum ähnlich. *Bai mangluk* ist auch als Zitronenbasilikum bekannt. Etwas ungewöhnlicher ist *bai krapao,* oder heiliges Basilikum, mit seinen rötlich-violetten Blättern.

BOHNENSPROSSEN *(thua ngawk)* Gekeimte Mungbohnen, die roh oder gedämpft gegessen und für pfannengerührte Gerichte, Suppen und Salate verwendet werden.

CHILISAUCE *(sors phrik)* Eine flüssige Würze oder Paste, die aus Chillies, Salz, Zucker und Essig hergestellt wird und in unterschiedlicher Schärfe in Flaschen abgefüllt erhältlich ist.

CHILLIES/CHILISCHOTEN *(phrik)* Chillies sind aus der modernen thailändischen Küche nicht wegzudenken, und vielen Menschen erscheint es merkwürdig, daß sie einmal aus der Neuen Welt eingeführt wurden. Sie kamen, vermutlich im 16. Jahrhundert, mit portugiesischen Händlern, und die Begeisterung, mit der sie in die thailändische Küche einbezogen wurden, zeigt, daß sie offenbar ein latentes Bedürfnis nach Schärfe befriedigten.

In Thailand verwendet man eine Vielzahl von Sorten mit unterschiedlicher Schärfe, wenn auch nicht ganz so viele wie in Lateinamerika. Unreife Schoten sind grün, beim Reifen werden sie zunächst gelb, dann orange und schließlich rot. Die kleinste und schärfste Form ist *phrik kii noo,* was übersetzt »Mauskotchili« heißt, und abgesehen von der Farbe gibt es da zweifellos eine Ähnlichkeit. Andere Chillies sind die etwa fingerdicken *phrik chiifaa* und die etwas größeren *phrik num,* eine Sorte aus dem Norden. (Der große, süßliche Gemüsepaprika wird *phrik yawk* genannt.)

In einem verschlossenen, trockenen Behälter können Chillies bis zu etwa einer Woche im Kühlschrank aufbewahrt werden. Danach beginnen sie zu schimmeln und schwarz zu werden. Zudem gibt es sonnengetrocknete Chillies, die unbegrenzt halten. Sie sind schrumpelig, spröde und tiefrot bis braunschwarz.

Das schärfste an Chillies sind die Samen, und wer möchte, kann sie entfernen. Man hält dazu die Schote am Stiel, schneidet sie mit der Spitze eines scharfen Messers der Länge nach auf und kratzt Kerne und Rippen mit der Messerspitze heraus. Getrocknete Chillies werden entkernt, indem man einfach den Stiel abbricht und die Schote mit dem offenen Ende nach

unten zwischen den Fingern rollt – die Samen fallen dann heraus. In Thailand entfernt man die Samen üblicherweise aber nicht. Schließlich ist die Schärfe der wichtigste Grund für die Verwendung von Chillies. Vorsicht beim Umgang mit Chilischoten. Reiben Sie sich beispielsweise nie die Augen, bevor Sie nicht Ihre Hände sorgfältig gewaschen haben.

Chillies können ganz, in Scheiben geschnitten und zerrieben verwendet werden. Zudem sind sie als Flocken oder gemahlen als Chilipulver und Cayennepfeffer erhältlich.

ERBSENAUBERGINE *(makheua puang)* Diese Frucht sieht wie eine große grüne Erbse aus, hat aber einen typischen, bitteren Geschmack. Sie wird für einige Currys werden. Erbsen eignen sich nicht als Ersatz, da sie ganz anders schmecken.

FISCHSAUCE *(nam plaa)* Grundzutat der thailändischen Küche. Die salzige, klare braune Flüssigkeit, die aus fermentiertem Fisch hergestellt wird und durchdringend riecht, ist in Flaschen erhältlich. Man kann entweder die thailändische *nam plaa* oder die vietnamesische *nuoc mam* verwenden – sie unterscheiden sich praktisch nicht. In der Küche verwendet man sie direkt aus der Flasche, als Würze bei Tisch serviert man sie in chinesischen Saucenschälchen mit zwei oder drei gehackten kleinen Chillies *(phrik kii noo)* und einem Spritzer Limettensaft. Man gibt mit einem Löffel einige Tropfen über sein Essen, ganz ähnlich wie man im Westen Pfeffer und Salz benutzt.

FRÜHLINGSZWIEBELN *(ton hom)* Diese milden Zwiebeln werden geschnitten als Garnierung für Suppen und Salate verwendet (sowohl weiße als auch grüne Teile).

GALGANTWURZEL *(ka* oder *laos)* Dem Ingwer ähnliche Wurzel, die jedoch einen milderen Geschmack hat und manchmal auch Thai-Ingwer genannt wird. Galgant wird ähnlich wie Ingwer – frisch, getrocknet und gemahlen – verwendet.

GARNELENPASTE *(kapi)* Früher war Garnelenpaste ein Nebenprodukt von *nam plaa* (Fischsauce). Zurückgebliebene Garnelen wurden gesalzen in der Sonne getrocknet und anschließend gemahlen. Heute ist ihre Herstellung jedoch ein eigener Erwerbszweig. Paste bester Qualität hat eine feine Konsistenz und ist nicht sehr salzig. Sie kann rötlich und auch dunkelbraun sein. Minderen Qualitäten wird Farbe hinzugefügt, um sie dunkler zu machen. Im Westen ist Garnelenpaste in Gläsern erhältlich.

GETROCKNETER FISCH *(plaa haeng)* Eingesalzener und in der Sonne getrockneter oder geräucherter Fisch ist in Thailand ein Grundnahrungsmittel, im Westen aber nicht überall erhältlich. Es handelt sich dabei um kleine, heringsartige Fische von etwa 2,5 cm Länge, die, wenn man sie einige Sekunden fritiert, einen schmackhaften Snack ergeben. Getrocknete Garnelen *(kung haeng)* werden in Thailand – ganz, gemahlen oder als Paste – häufig zum Würzen verwendet.

GURKE *(taeng kwa)* Thailändische Salatgurken sind kleiner und kürzer als Sorten im Westen, in der Verwendung macht dies aber kaum einen Unterschied. Man nimmt sie roh als Beilage zu Gerichten wie *laab* (pikantes Hackfleisch) oder gehackt für Speisen wie *ajaad,* einem Salat.

INGWER *(khing)* Im Westen angeboteter frischer Ingwer ist meist etwas trockener und härter als die jungen, blaßrosa oder gelben Wurzeln, die man in Thailand während der Regenzeit bekommt. Er wird Gerichten hinzugefügt oder roh in Scheiben geschnitten als Beilage zu Speisen aus dem Norden wie *sai krok issaan* gereicht. Man verwendet ihn frisch, geschält und in Scheiben geschnitten oder zerrieben bzw. getrocknet und gemahlen. Zudem ist kandierter Ingwer erhältlich. Siehe auch Galgant und Krachai.

KAFFIR-LIMETTE *(makrut)* Diese wulstige dunkelgrüne Zitrusfrucht liefert eines der typischsten Aromen Thailands, doch in der Küche verwendet man nur Schale *(pew makrut)* und Blätter *(bai makrut)* – der Saft dient seit

LINKS *Bei Ayutthaya wird Reis maschinell gedroschen.*

alters her als Haarwaschmittel. Als Ersatz können Limettenschalen und Blätter anderer Zitrusarten mit getrockneter Kaffir-Limette verwendet werden.

KLEBREIS (*khao niaow*) Dies ist eine andere Sorte Reis als der bei uns übliche und im Nordosten Thailands und manchen Gebieten des Nordens ein wichtiges Grundnahrungsmittel. Die Körner sind rund und milchig (nicht glasig, wie normaler Reis). Man verwendet ihn für die regionalen Gerichte der genannten Gegenden und auch für Desserts wie *khao niaow ma muang*.

Klebreis muß immer gedämpft werden, und das Geheimnis seiner Zubereitung besteht darin, ihn vor dem Garen eine Weile in Wasser einzuweichen – bis zu einigen Stunden. Dadurch werden die Körner gesäubert und weich und bilden keine klebrige Masse.

Im Esan, dem Herzland des Klebreises, verwenden die Köche gewöhnlich einen Dämpfkorb aus Bambus, der *huad* genannt wird. Mit dem Reis gefüllt, setzt man ihn auf einen breiten tiefen Topf mit Wasser. Im Dampf des kochenden Wassers wird der Reis etwa 20 Minuten gegart (die genaue Zeit hängt davon ab, wie lange der Reis quellen konnte). Während des Garens muß der Reis gewendet werden, da er unten rascher gart. Richtig gegarter Klebreis sollte fest und trocken sein, wobei die Körner aneinanderhaften. Ist er hart oder klebrig, wurde er zu lange gegart. Man kann zum Garen ein großes Metallsieb oder einen Durchschlag mit Nesseltuch auslegen und den Reis zugedeckt über einen halb mit Wasser gefüllten, großen Topf setzen.

KNOBLAUCH (*krathiam*) Wird in der thailändischen Küche reichlich verwendet, im Mörser zerrieben, mitunter auch ganz oder in Scheiben geschnitten und goldbraun fritiert. Thailändischer Knoblauch unterscheidet sich von europäischem recht stark. Er ist nicht nur erheblich kleiner, sondern hat auch eine so dünne Schale, daß er nicht geschält werden muß. In den Rezepten wurde davon ausgegangen, daß größerer westlicher Knoblauch verwendet wird, den man schälen muß. Knoblauch ist zudem eingelegt erhältlich (*krathiam dong*).

KOKOSNUSS UND KOKOSMILCH (*maphrao* und *nam kathii*) Wie in fast jedem Land, in dem Kokospalmen heimisch sind, spielt der Baum in der traditionellen Wirtschaft eine wichtige Rolle. Man nutzt den ganzen Baum, von den Früchten bis zu den Palmwedeln. Für die Küche liefert er hauptsächlich Kokosmilch, die als Dickungsmittel und Aromazutat für verschiedene Currys oder Fleisch-, Gemüse- und Fischgerichte verwendet wird, wie auch für Süßigkeiten, Desserts und Getränke.

Wichtig ist, zwischen »dicker« und »dünner« Kokosmilch zu unterscheiden. Beide werden aus dem zerkleinerten Fleisch reifer Kokosnüsse hergestellt und haben nichts mit der erfrischenden Flüssigkeit im Innern junger, grüner Nüsse zu tun. Die reife Kokosnuß wird geöffnet und das Fleisch herausgekratzt, geraspelt und in kochendes Wasser gegeben. Anschließend gießt man die Flüssigkeit durch ein Sieb und drückt das Fleisch möglichst gut aus. Dies ergibt »dicke« Kokosmilch. Wiederholt man den Prozeß noch einmal mit frischem Wasser, erhält man »dünne« Kokosmilch. Im Westen ist es nicht einfach, reife Kokosnüsse zu finden. Der beste Ersatz sind ungesüßte Kokosraspeln. Vielleicht kommen Sie zu befriedigenderen Ergebnissen, wenn Sie anstelle von Wasser Kuhmilch oder eine Mischung aus Wasser und Milch verwenden. Dies ist die authentische Zubereitungsmethode, doch Kokosmilch aus der Dose ist ein akzeptabler Ersatz. Man kann auch konzentrierte Kokoscreme verwenden: Sie wird einfach in warmes Wasser gerührt.

Um die oben beschriebene Kokosmilch zuzubereiten, mischt man 550 ml getrocknete Kokosraspeln mit 900 ml Flüssigkeit (Wasser, Wasser und Milch oder Milch), was 550 ml »dicke« Kokosmilch ergibt. Man bringt das Wasser in einem Topf zum Kochen, rührt die Kokosraspeln hinein und nimmt die Mischung dann von der Kochstelle, um sie abkühlen zu lassen. Anschließend gießt man sie durch ein Sieb und drückt möglichst viel Flüssigkeit heraus. Um »dünne« Kokosmilch herzustellen, fügt man noch einmal Wasser oder Milch hinzu und wiederholt den Vorgang. Im Kühlschrank hält sich die Milch mehrere Tage.

KORIANDER (*phakchii*) Koriander läßt sich ebenso leicht ziehen wie

Petersilie, an die er erinnert. Er hat einen sehr eigenen Geschmack, der charakteristisch für die thailändische und kambodschanische Küche ist. Die frischen Blätter verwendet man meist zum Garnieren, Wurzeln und Stengel werden auch gegart. Im Westen wird Koriander häufig ohne Wurzeln verkauft, doch wer das Glück hat, sie zu finden, kann sie einfrieren. Koriandersamen *(met phakchii)* werden getrocknet und ganz oder gemahlen als Gewürz benutzt.

KRACHAI Für diese kleine gelbbraune Wurzel, die mit Ingwer und Galgant verwandt ist, gibt es keinen deutschen Namen. Falls erhältlich, verwendet man es für Fischcurrys.

KURKUMA *(kamin)* Gewürz, das, wie Kardamom und Nelken, vor allem in indischen und muslimischen Gerichten Verwendung findet. Man bekommt es gelegentlich als frische, orangefarbene Wurzel (ähnlich Ingwer), häufiger wird es aber getrocknet – ganz oder zu Pulver vermahlen – angeboten.

LIMETTE *(manao)* Der Saft der Limette wird in Speisen und Getränke gegeben, die Schalen können als Ersatz für Kaffir-Limettenschale dienen. Thailändische Limetten sind kleiner, dunkler und süßer als die meiste im Westen erhältliche Ware.

MANGO *(ma muang)* Es gibt eine Reihe von Mangosorten von unterschiedlicher Form, Größe und Farbe. Die beste Sorte Thailands ist die *okrong.* Thailändische Mangos besitzen eine gelbe Schale, und reife Früchte sind süß, haben aber nicht den schweren aromareichen Geschmack indischer *alfonsos.* Zum Dessert serviert man reife Mangos, kleine Scheiben säuerlicher Mango werden hingegen für Salate benutzt oder mit Salz und Zucker als Snack gegessen. Mangos sind auch in Dosen oder getrocknet erhältlich.

NUDELN *(mii)* In Thailand werden viele verschiedene Arten von Nudeln gegessen, die häufigsten sind Reisnudeln *(kwitiaow),* Glas- oder Cellophannudeln *(woon sen)* und Eiernudeln *(ba mii).*

Reisnudeln sind in drei Formen erhältlich: als breite Bandnudeln *(sen yai,* was »breiter Pfad« heißt), sehr schmale Bandnudeln *(sen mii)* oder Fadennudeln *(sen lek).* Manchmal bekommt man sie frisch, gewöhnlich sind sie aber getrocknet. Man kann sie fritieren oder vor Gebrauch einweichen. *Kwitiaow* sind auch frisch als Platten erhältlich, die in Streifen der erforderlichen Breite geschnitten werden können.

Glas- oder Cellophannudeln sind durchscheinend und werden aus Mungbohnenmehl hergestellt. Sie sind getrocknet und müssen vor Gebrauch 15 Minuten eingeweicht werden.

Eiernudeln bestehen aus Ei und Weizenmehl und werden frisch oder getrocknet in verschiedenen Formen angeboten. Sie sind vor allem in nördlichen Regionen Thailands nahe der Grenze zu Birma beliebt.

Weitere Informationen über das Garen und Servieren von Nudeln siehe Seite 17 (»Das Zentrale Tiefland«).

PALMZUCKER *(nam taan peuk)* Dieser braune, feuchte Zucker wird aus dem Saft von Zuckerpalmen wie etwa der Palmyrapalme gewonnen. Im Westen ist er als dicke Paste oder getrocknet und gepreßt erhältlich.

PAPAYA *(malakaw)* Wie Mangos werden Papayas sowohl reif als auch unreif gegessen. Über reife Früchte gibt man vor dem Verzehr etwas Limettensaft. Die unreife grüne Frucht dient, in Stifte geschnitten, als Grundzutat für das berühmte *som tam thai* aus dem Nordosten. Thailändische Papayas sind größer als die im Westen zumeist erhältlichen Früchte.

PFEFFERKÖRNER *(phrik thai)* Obwohl *phrik thai* wörtlich übersetzt »thailändischer« Pfeffer bedeutet, wurde er ursprünglich durch die Molukken bekannt. Vor der Einführung der Chilischote diente der schwarze Pfeffer in Thailand dazu, Speisen Schärfe zu verleihen. Bei weißem Pfeffer handelt es sich um reife »geschälte« Früchte. Beide Sorten

werden in der Küche ganz, zerstoßen und gemahlen verwendet.

Grüne Pfefferkörner *(phrik thai sod)* sind unreife, in Salzlake konservierte Pfefferbeeren und auch im Westen zunehmend erhältlich.

REIS *(khao)* Reis ist das Grundnahrungsmittel der thailändischen Küche, und auch wenn ein einheimischer Koch keine Sekunde über seine Zubereitungsweise nachdenken würde, muß jeder, der mit der Dämpfmethode für Reis nicht vertraut ist, sie zunächst erlernen. Bei thailändischem Reis handelt es sich um Langkornreis (Duftreis aus Thailand ist weltberühmt), und richtig gegart, sollte er locker und körnig sein. Am einfachsten läßt sich dies mit einem Elektro-Reiskocher erreichen – für den, der regelmäßig Reis ißt, eine gute Investition, und eines der wichtigsten Geräte in der modernen thailändischen Küche. Andernfalls verfährt man wie folgt:

Den Reis mehrmals in frischem Wasser waschen, bis das Wasser klar bleibt. Auf 1 Tasse Reis 2 1/2 Tassen Wasser geben und beides bei starker Hitze zum Kochen bringen. Auf niedrige Temperatur herunterschalten und den Reis zugedeckt etwa 20 Minuten garen. Vor dem Servieren mit der Gabel lockern. In Thailand wird gedämpfter Reis *khao suay* oder *khao plao* genannt.

Siehe auch Seite 17 (»Das Zentrale Tiefland«) und Klebreis.

SOJASAUCE *(nam siew)* Sie ist eine wichtige Zutat für die meisten Gerichte chinesischen Ursprungs und wird zur Zubereitung der Speisen wie auch als Würze bei Tisch verwendet. Sie ist leicht erhältlich. Man unterscheidet zwischen heller und dunkler Sojasauce.

STAUDENSELLERIE *(keun chai)* Zarter und kleiner als unser Staudensellerie. Man verwendet daher von westlichen Sorten nur die kleinen, jungen Blätter im Herzen.

TAMARINDE *(makhaam)* Dieses charakteristische Würzmittel wird aus dem Fruchtfleisch der Hülsenfrucht des Tamarindenbaums hergestellt. Aus Mus gewonnene Flüssigkeit verwendet man für viele Fleisch- und Fischgerichte. Das braune, klebrige Mus bekommt man frisch (eventuell vorhandene Samen oder Fasern entfernen), getrocknet oder als Konzentrat. Tamarindenmus muß vor Gebrauch eingeweicht werden. Dann drückt man die Flüssigkeit aus dem Mus heraus und seiht sie ab.

TOFU *(taohoo)* Tofu, der aus Sojabohnen hergestellt und wegen seines Aussehens auch Bohnenquark genannt wird, ist weiß und hat gewöhnlich die Konsistenz von Karamelcreme, man bekommt ihn aber sowohl mit festerer als auch weicher Beschaffenheit.

TROCKENPILZE *(hed hom)* Sie sind in asiatischen Lebensmittelläden erhältlich und verleihen Gerichten wie klaren Suppen ein typisch chinesisches Aroma. Vor Verwendung weicht man sie in warmem Wasser ein. Siehe auch Wolkenohr.

WOLKENOHR *(hed hoonoo)* Getrockneter Pilz, der für Suppen, pfannengerührte Speisen sowie Huhn- und Fischgerichte verwendet wird. Vor Gebrauch weicht man ihn 30 Minuten oder länger in warmem Wasser ein, bis er weich ist, wobei man das Wasser mehrmals wechselt. Er hat eine gallertartige Konsistenz.

ZITRONENGRAS *(takrai)* Es verleiht Gerichten ein zitronenartiges Aroma, ist aber aromatischer als die Zitrone selbst. Man verwendet den unteren, hellen Teil. Für Suppen und Currys wird das fasrige Gras gewöhnlich mit dem Messerrücken gequetscht und vor dem Servieren wieder herausgenommen. Man verwendet es auch für einige Salate, und schneidet es dann in dünne Scheiben (nötigenfalls die fasrigeren Außenblätter entfernen). Es ist frisch, getrocknet und gemahlen erhältlich.

DAS ZENTRALE TIEFLAND

Im Herzen des Landes liegen das breite Tal und das Delta des Chaophaya und seiner Nebenflüsse. Dieses flache, wasserreiche Tiefland war einst die wichtigste Route für die Thaivölker, die das Land vom Norden her besiedelten, und alle späteren Hauptstädte Thailands wurden hier errichtet. Als sich die Thai schließlich 1243 von der Khmer-Herrschaft befreiten, gründeten sie – etwa 450 km flußaufwärts – als erste Hauptstadt Sukhothai. 1350 wurde die Hauptstadt näher ans Meer nach Ayutthaya verlegt, und Ende des 18. Jahrhunderts wurde dann die heutige Hauptstadt Bangkok im Delta gegründet. Fruchtbarer Boden und ergiebige Niederschläge machen das Zentrale Tiefland seit Jahrhunderten zur Reisschale des Königreichs.

Reis beherrscht die thailändische Küche in einem Maß, das für einen westlichen Menschen manchmal schwer verständlich ist. Bei uns kommt kein Grundnahrungsmittel, nicht einmal Weizen, ihm in seiner Bedeutung irgendwie nahe. Im Thailändischen spricht man nie einfach von »essen«, sondern immer von »Reis essen«. Obwohl keinesfalls für jedes Rezept in diesem Buch Reis als Beilage empfohlen wird, könnte sich kein Thai einen Tag ohne einen Teller Reis vorstellen. Ein Sprichwort besagt, daß »eine Mahlzeit ohne Reis den Magen nicht füllt«, und für einen Thai trifft dies absolut zu, ähnlich wie für einen überzeugten Fleischesser eine vegetarische Mahlzeit unvollständig wäre.

Thailändischer Reis ist zu Recht berühmt, nicht nur wegen des Umfangs seines Anbaus (er gehört zu den wichtigsten Exportgütern des Landes), sondern auch wegen seiner hohen Qualität. Im Westen erhalten wir oft den besten Teil der Ernte, der unter dem Namen »Duftreis« angeboten wird. Die thailändische Bezeichnung ist noch präziser: *khao hom malii*, was »nach Jasmin duftender Reis« bedeutet. Selbst wenn man nur ein kurzes Stück aus Bangkok herausfährt, sei es mit dem Auto oder, besser noch, mit einem Boot, kann man sehen, wie sehr Reis die Landschaft des Zentralen Tieflandes beherrscht. Fast immer sind hier Menschen bei der Arbeit: Vielleicht pflügen sie gerade die schlammigen Felder (traditionell mit Wasserbüffeln, heute gewöhnlich mit kleinen Traktoren, die scherzhaft »japanische Wasserbüffel« genannt werden), setzen junge Reispflanzen um oder bringen in Gruppen die Ernte ein. Dicht beim

Chaophaya verarbeiten Mühlen den Reis und laden ihn auf tiefe, breite Reisbarken. Diese großen Barken, die noch heute aus Holz sind, werden wie Waggons hintereinander an einen Schleppdampfer gehängt und flußabwärts gezogen, mitten durch den lokalen Schiffsverkehr hindurch, Fähren und Boote, die ringsrum das Wasser aufwühlen.

Am weitaus häufigsten wird Reis gedämpft gegessen, löffelweise zu beliebigen anderen Gerichten. Die Thai nehmen die meisten Mahlzeiten von flachen Tellern im westlichen Stil ein, wobei sie einen Löffel und eine Gabel benutzen. Aber Reis wird auch auf andere Weisen zubereitet, zum Beispiel gebraten (gebratener Reis, oder *khao phad*, schmeckt am besten, wenn man Reis vom Vortag verwendet) oder – für *khao tom*, das traditionelle Frühstück – gekocht. Die verbreitetste alternative Verwendung von Reis ist jedoch die Herstellung von Nudeln, die praktisch das zweite Grundnahrungsmittel in Thailand bilden. *Kwitiaow*, wie weiße Reisnudeln hier und in allen jenen asiatischen Ländern mit einem chinesischen Bevölkerungsanteil genannt werden, wurden einmal aus China eingeführt, allerdings bereits in den frühesten Tagen der Besiedlung Thailands. Wahrscheinlich kamen sie mit den Menschen, die aus Yunnan zuwanderten. Sie werden vorwiegend für rasch zubereitete Mahlzeiten verwendet und vor allem mittags gern gegessen.

In fast allen Gegenden Thailands findet man zahllose Stände, die in Glasvitrinen Nudeln und andere Zutaten anbieten. Reisnudeln werden entweder pfannengerührt oder kurz in Suppen gegart.

LINKS *Bauern ernten Schalotten, die in der thailändischen Küche häufig verwendet werden.*

RECHTS *Bauern ruhen sich in der Mittagshitze aus.*

OBEN RECHTS *Ein Bauernhaus inmitten von Reisfeldern und anderen Pflanzen.*

KAENG KHIAO WAAN NEUA

Grünes Rindfleisch-Curry

Dieses Gericht gehört zu den thailändischen Grundrezepten für Curry und hat eine typische grüne Farbe. Statt Rindfleisch kann auch Schweinefleisch, Huhn oder Ente verwendet werden.

•FÜR 4 PERSONEN•

1,25 l dünne Kokosmilch

300 g Rinderlende, in 1 x 2 x 2,5 cm große Stücke geschnitten

2 EL Fischsauce

¹/₂ EL Palmzucker

10 kleine weiße Auberginen, geviertelt

3 frische rote Chillies, längs geviertelt

3 Blätter von Kaffir-Limetten, in kleine Stücke zerzupft

15 g Basilikumblätter

CHILIPASTE

20 frische kleine, grüne Chillies, grobgehackt

1 EL in Scheiben geschnittene Schalotte

1 EL gehackter Knoblauch

1 EL Galgant (ka)

¹/₂ Stengel Zitronengras, in Scheiben geschnitten

¹/₂ EL Koriandersamen

2 TL Salz

1 TL Garnelenpaste

¹/₂ TL gehackte Kaffir-Limettenschalen

¹/₂ TL gehackte Korianderwurzel oder -stengel

6 weiße Pfefferkörner, zerstoßen

Alle Zutaten für die Chilipaste mit Ausnahme der grünen Chillies im Mörser oder Mixer zu einer feinen Paste verarbeiten. Die grünen Chillies untermischen.

In einem Topf 200 ml Kokosmilch erhitzen. Chilipaste hinzufügen und 2 Minuten garen. Rinderlende und die restliche Kokosmilch zugeben und den Topfinhalt zum Kochen bringen. Fischsauce und Palmzucker hinzufügen, alles noch einmal 2 Minuten kochen, dann Auberginen und Chillies zugeben und 1 Minute garen. Zerzupftes Limettenblatt unterrühren und 1 Minute mitgaren, dann das Basilikum dazugeben und den Topf von der Kochstelle nehmen.

Das Curry in Schalen servieren und als Beilage Reis, eingelegte Gemüse, in Salz eingelegte Eier und luftgetrocknetes Rindfleisch reichen.

KAENG KAI

Rotes Hühnerfleisch-Curry

•FÜR 6 PERSONEN•

1,25 l dünne Kokosmilch

1 Portion Chilipaste (siehe choo chii kung, Seite 36)

10 weiße Pfefferkörner, zerstoßen

300 g Hühnerbrustfilet, quer in 5 mm dicke Scheiben geschnitten

3 EL Fischsauce

¹/₂ EL Palmzucker

7 kleine weiße Auberginen, geviertelt

3 frische rote Chillies, längs geviertelt

2 Blätter von Kaffir-Limetten, in kleine Stücke zerzupft

20 g Basilikumblätter

In einem Topf 200 ml Kokosmilch erhitzen. Chilipaste und weiße Pfefferkörner hineinrühren und 2 Minuten garen. Hühnerfleisch zugeben, sorgfältig untermischen und die restliche Kokosmilch dazugießen. Den Topfinhalt zum Kochen bringen, dann Fischsauce und Palmzucker hinzufügen. Die Zutaten 1 Minute garen. Auberginenviertel, Chillies und Limettenblätter dazugeben. Den Topfinhalt wieder zum Kochen bringen, 3 Minuten garen und nach Zugabe des Basilikums von der Kochstelle nehmen.

In Schalen servieren und als Beilage Reis, luftgetrocknetes Rindfleisch und in Salz eingelegte Eier reichen.

Basilikum und Kohl auf die Bananenblatt-Quadrate oder sechs bis acht ofenfeste Förmchen verteilen. Die Fischmischung daraufgeben und einwickeln. In einem Schnellkochtopf 10 Minuten garen oder zugedeckt in einer halb mit heißem Wasser gefüllten Fettpfanne bei 180 °C im Backofen.

In der Zwischenzeit die restliche Kokosmilch in einem Topf erhitzen und die Maisstärke hinzufügen, um sie etwas anzudicken.

Die angedickte Kokosmilch über die Fischmischung schöpfen und mit Limettenblättern und roter Chilischote bestreuen. Noch einmal 5 Minuten im Schnellkochtopf oder Backofen garen. Vor dem Servieren 5 Minuten stehen lassen.

Mit Reis als Beilage servieren.

HAW MOK PLAA

Gedämpftes Fisch-Curry

Die Bezeichnung Curry wird diesem Gericht am besten gerecht, doch es ist zum Schluß doch ziemlich dick. Das Bananenblatt läßt es nicht nur dekorativ wirken, sondern verleiht ihm auch Aroma. Es ist aber nicht unbedingt notwendig – die Portionen können auch in Förmchen gedämpft werden.

•FÜR 6 BIS 8 PERSONEN•

300 g Fischfilet (Flunder, Seezunge oder Seebarsch) ohne Haut,
in Scheiben geschnitten
550 ml dünne Kokosmilch
2 Eier, verquirlt
3 EL Fischsauce
50 g Basilikumblätter
50 g in feine Streifen geschnittener Weißkohl
6 Bananenblatt-Quadrate (nach Belieben)
1¹/₂ EL Maisstärke
2 Blätter von Kaffir-Limetten, in kleine Stücke zerzupft
1 frische rote Chilischote, entkernt und in Streifen geschnitten
ROTE CURRYPASTE
10 kleine Knoblauchzehen, grobgehackt
5 getrocknete rote Chillies, grobgehackt
5 weiße Pfefferkörner
3 Schalotten, grobgehackt
2 Korianderwurzeln, in Scheiben geschnitten
1 TL in Scheiben geschnittener Galgant (ka)
1 TL gehacktes Zitronengras
¹/₂ TL feingehackte Kaffir-Limettenzeste
¹/₂ TL Salz

Alle Zutaten für die Paste im Mörser oder Mixer pürieren. In eine Schüssel geben und die Fischstücke sowie 450 ml Kokosmilch unterrühren. Die Eier hinzufügen und sorgfältig untermischen. Die Fischsauce hineinrühren.

KAENG KHUA SAPPAROD HOI MALAENG POO

Currysuppe mit Miesmuscheln und Ananas

•FÜR 4 PERSONEN•

1 l dünne Kokosmilch
1 Portion Chilipaste (siehe choo chii kung, Seite 36)
200 g gegartes Miesmuschelfleisch
(etwa 700 g Miesmuscheln dämpfen und aus der Schale nehmen)
¹/₂ mittelgroße Ananas, in kleine Würfel geschnitten
1 Kaffir-Limettenblatt, in kleine Stücke zerzupft
2¹/₂ EL Fischsauce
¹/₂ EL Palmzucker

In einem Topf 250 ml Kokosmilch erhitzen. Die Chilipaste hinzufügen und 2 Minuten garen. Das Muschelfleisch hineinrühren, dann die restlichen Zutaten zufügen und 1 Minute kochen. Von der Kochstelle nehmen.
In Schalen mit Reis als Beilage servieren.

TOM KHAA KAI

Kokosnußsuppe mit Galgant

Diese cremige Suppe gehört heute zu den Schlagern auf den Speisekarten thailändischer Restaurants, nicht zuletzt wegen des delikaten Geschmacks, den ihr der Galgant verleiht. Äußerlich ähnelt er dem Ingwer, aber er ist viel milder und duftet stärker.

•FÜR 4 BIS 6 PERSONEN•

1,25 l dünne Kokosmilch

25 g Schalotte, feingehackt

15 g Galgant (ka), in dünne Scheiben geschnitten

2 Stengel Zitronengras, in 2 cm große Stücke geschnitten

6 frische kleine, rote Chillies

3 Blätter von Kaffir-Limetten, in kleine Stücke zerzupft

1 TL Salz

300 g Hühnerbrustfilet, quer in 5 mm dicke Scheiben geschnitten

200 g frische Pilze, vorzugsweise Austernpilze

2 EL Limetten- oder Zitronensaft

$^1/_2$ EL Fischsauce

3 EL Korianderblätter, in 2 cm große Stücke geschnitten

Die Kokosmilch in einen Topf gießen und zum Kochen bringen. Schalotte, Galgant, Zitronengras, Chillies, Limettenblätter und Salz hinzufügen. Zum Kochen bringen, das Hühnerfleisch zugeben und alles wieder zum Kochen bringen. Dann die Pilze hinzufügen und den Topfinhalt weitere 2 Minuten kochen lassen. Von der Kochstelle nehmen und Limettensaft, Fischsauce und Koriander hineinrühren.

In Schalen servieren, als Beilage Reis, Limettenviertel und *phrik nam plaa* (siehe Seite 25) reichen.

KAENG CHEUD PLAA MUK

Suppe mit gefülltem Kalmar

Diese Suppe gehört zur Reihe klarer, mild gewürzter Suppen, die als zarter Kontrast zu anderen Gerichten gereicht werden. »Kaeng cheud« bedeutet wörtlich übersetzt »einfache Suppe«, und sie wird zu Speisen serviert, die entweder stark gewürzt sind oder Öl enthalten.

•FÜR 4 PERSONEN•

350 g Schweinehackfleisch

$^1/_2$ TL helle Sojasauce

$^1/_4$ TL gemahlener weißer Pfeffer

300 g Kalmar (Körperbeutel ohne Arme), gesäubert

900 ml Hühnerbrühe

$^1/_2$ EL eingelegter Kohl, grobgehackt

7 weiße Pfefferkörner, zerstoßen

5 Knoblauchzehen, zerdrückt

1 TL Fischsauce

$^1/_4$ TL Zucker

3 Frühlingszwiebeln, in 1 cm große Stücke geschnitten

2 EL Korianderblätter mit Stengeln, in 1 cm große Stücke geschnitten

Schweinefleisch, Sojasauce und weißen Pfeffer gut vermischen und in die Kalmarkörper füllen. Aus übrigbleibender Fleischmasse ggf. kleine Fleischbällchen formen.

Die Hühnerbrühe in einem Topf oder Wok erhitzen. Eingelegten Kohl, Pfefferkörner und Knoblauch hinzufügen und die Zutaten zum Kochen bringen. Den gefüllten Kalmar in die Brühe geben und ggf. die Fleischbällchen, dann Fischsauce und Zucker hinzufügen. Den gefüllten Kalmar etwa 15 Minuten kochen, bis er gar bzw. beim Einschneiden nicht mehr rosa ist. Die Frühlingszwiebeln und den Koriander dazugeben, dann den Topf sofort von der Kochstelle nehmen.

Mit Reis als Beilage servieren.

TOM YUM KUNG

Scharf-saure Garnelensuppe

•FÜR 4 PERSONEN•

700 ml Hühnerbrühe
3 Stengel Zitronengras, in 5 mm dicke Scheiben geschnitten
3 Blätter von Kaffir-Limetten
12 mittelgroße oder 6 große rohe Garnelen, geschält, aber mit Kopf
150 g Champignons, halbiert
5 frische kleine grüne Chillies
10 g Koriander, in Stücke geschnitten
3 EL Limettensaft (oder nach Geschmack)
$^1/_2$ EL Fischsauce (oder nach Geschmack)

Die Brühe in einem Topf zum Kochen bringen. Zitronengras und Limettenblätter hinzufügen, dann Garnelen und Pilze zugeben. Wenn die Garnelen nach 8 bis 10 Minuten gar sind, den Topf von der Kochstelle nehmen und die restlichen Zutaten zufügen. 5 Minuten stehen lassen, dann abschmecken und ggf. noch Fischsauce oder Limettensaft dazugeben oder die Chillies brechen, damit sie mehr Schärfe abgeben – die Suppe sollte säuerlich-pikant und leicht salzig schmecken.

Als Beilage Reis servieren.

TOM KLONG PLAA KROB

Suppe von geräuchertem Fisch

•FÜR 4 BIS 6 PERSONEN•

1 l Hühnerbrühe
15 g Galgant (ka), in Scheiben geschnitten
2 Stengel Zitronengras, in 4 cm große Stücke geschnitten und zerdrückt
1 TL Garnelenpaste
250 g geräucherter Trockenfisch (nicht gesalzen), die Gräten entfernt, in 3 oder 4 Stücke gebrochen
25 g Schalotten, zerdrückt
$1^1/_2$ TL Tamarinden- oder Limettensaft (oder nach Geschmack)
15 g Basilikumblätter
1 EL Fischsauce (oder nach Geschmack)
$^1/_2$ TL Salz
5 getrocknete rote Chillies, 3 bis 5 Minuten ohne Fett geröstet

Die Hühnerbrühe in einem Topf zum Kochen bringen, dann Galgant, Zitronengras und Garnelenpaste hinzufügen und 2 Minuten kochen. Fischstücke, Schalotten und Tamarindensaft zugeben. Alles wieder zum Kochen bringen und 5 Minuten köcheln lassen. Von der Kochstelle nehmen und die restlichen Zutaten zufügen. Die Suppe durchrühren und nach Belieben mit weiterem Tamarindensaft, Limettensaft oder Fischsauce abschmecken. Vor dem Servieren 10 Minuten stehen lassen.

Mit Reis als Beilage servieren.

KWITIAOW PHAD THAI

Gebratene Nudeln nach thailändischer Art

Das bekannteste Nudelgericht des Landes. Es läßt sich schnell und leicht zubereiten und wird gewöhnlich als zweiter Gang gegessen.

• FÜR 6 PERSONEN •

100 ml Erdnuß- oder Maisöl

200 g große rohe Garnelen, geschält

100 g fester Tofu, gewürfelt

3 EL süß eingelegter weißer Rettich, gehackt

3 EL in Scheiben geschnittene Schalotten

4 Eier

300 g Reis- oder Glasnudeln (sen lek oder woon sen),
getrocknete Nudeln 7 bis 10 Minuten in kaltem Wasser einweichen

50 ml Hühnerbrühe

3 EL getrocknete Garnelen, gehackt

50 g ungesalzene Erdnüsse, gehackt

4 Frühlingszwiebeln, gehackt

400 g Bohnensprossen

SAUCE

200 ml Wasser

100 ml Tamarindensaft

50 g Palmzucker

1 EL helle Sojasauce

Alle Zutaten für die Sauce in einem Topf vermischen und auf etwa 150 ml einkochen lassen. Zum Abkühlen beiseite stellen.

Das Öl in einem Wok oder einer Pfanne sehr heiß werden lassen. Garnelen und Tofu hinzufügen und 1 Minute unter Rühren leicht braten. Rettich und Schalotten dazugeben und 1 Minute braten. Die Eier hinzufügen und 1 Minute unter Rühren braten, dann Nudeln und Hühnerbrühe zugeben. Wenn die Nudeln weich sind (nach etwa 2 Minuten), Garnelen, Erdnüsse, Frühlingszwiebeln und Bohnensprossen hinzufügen. Die Sauce dazugeben und alles noch einmal kurz braten.

Servieren, als Beilage in kleinen Schälchen gehackte Erdnüsse, gehackte getrocknete Chillies, Zucker, Limettenspalten, Frühlingszwiebeln und frische Bohnensprossen reichen.

KHANOM CHIIN NAM YAA

Weiße Nudeln mit Sauce

Dieses Gericht sieht man in Restaurants nur selten, dennoch ist es sehr beliebt. Die Basis bildet ein Nest aus langen, weißen Reis-Fadennudeln. Wegen ihrer Länge werden die *khanom chiin* bei verschiedenen Feierlichkeiten wie etwa Hochzeiten serviert und nie vor dem Essen auseinandergebrochen, da sie langes Leben symbolisieren. Frische Nudeln sind im Westen schwer zu finden, man kann aber auch getrocknete *khanom chiin* (Garanleitung auf dem Paket) verwenden oder ersatzweise gegarte Spaghetti.

• FÜR 4 BIS 6 PERSONEN •
200 g Seebarsch, Flußbarsch oder weißfleischiges Fischfilet, ohne Haut
300 g dünne Reisnudeln (khanom chiin), getrocknete Nudeln 3 Minuten einweichen, oder gegarte Spaghetti
1,25 l dünne Kokosmilch
20 tiefgekühlte oder eingelegte Fischbällchen (nach Belieben)
3 EL Fischsauce
100 g Bohnensprossen, blanchiert
100 g grüne Bohnen, in 1 cm lange Stücke geschnitten
100 g Wasserspinat, blanchiert
150 g Zitronenbasilikumblätter
CHILIPASTE
100 g Schalotten, feingehackt
50 g Knoblauchzehen, gehackt
50 g gesalzene Trockenmakrelen oder anderer Fisch, grobgehackt
200 ml Wasser
150 g in Scheiben geschnittener Krachai
2 EL fein geschnittenes Zitronengras
4 getrocknete rote Chillies, entkernt
2 TL in Scheiben geschnittener Galgant (ka)
1 TL Garnelenpaste
1 TL Salz

Die Zutaten für die Chilipaste vermischen, in einen Topf oder Wok geben und bei mittlerer Hitze 1 Minute garen. Abkühlen lassen und im Mixer oder in der Küchenmaschine hacken. Beiseite stellen. Den Fisch in einer kleinen Menge Wasser 10 Minuten kochen.

Herausnehmen, etwas abkühlen und fein hacken (oder kurz in die Küchenmaschine geben). Die Nudeln 5 Minuten kochen, abtropfen und abkühlen lassen, dann auf Servierschalen verteilen.

Die Kokosmilch in einem Topf erhitzen. Chilipaste, Fisch, sofern verwendet Fischbällchen und Fischsauce hinzufügen und 3 Minuten kochen. Von der Kochstelle nehmen.

Die Fischmischung auf die Nudeln geben. Bohnensprossen, grüne Bohnen, Wasserspinat und Zitronenbasilikum in Schalen rundum anrichten.

KHAO THANG NAA THANG

Reiskräcker mit Schweinefleisch und Kokossauce

• FÜR 4 BIS 6 PERSONEN •
500 g gegarter Reis
650 ml Erdnuß- oder Maisöl zum Fritieren
1 TL gehackte Korianderwurzel
1 TL gehackter Knoblauch
500 ml dünne Kokosmilch
150 g gegartes Schweinefleisch, gehackt
150 g geschälte kleine rohe Garnelen, gehackt
1 TL grobgehackte Korianderblätter mit Stengeln
1 frische rote Chilischote, längs in Streifen geschnitten
150 g ungesalzene Erdnüsse, kleingehackt
2 EL in Scheiben geschnittene Schalotten
1/4 TL gemahlener weißer Pfeffer
1/2 EL Palmzucker
1 TL Salz

Den Reis leicht kneten, bis er klebrig ist, dann in einer dünn geölten, beschichteten Backform in einer 5 mm dicken Schicht verteilen und andrücken. Ein bis zwei Tage in die Sonne oder 3 bis 5 Stunden in den 170 °C heißen Backofen stellen, bis er sehr trocken ist. Aus der Form nehmen und in 5 cm große Stücke brechen.

Das Öl im Wok oder einem Topf auf 180 °C erhitzen. Die Reiskräcker 3 bis 5 Minuten fritieren, bis sie hellbraun sind. Mit dem Schaumlöffel herausheben und auf Küchenpapier abtropfen lassen.

Für die Sauce Korianderwurzel und Knoblauch im Mörser zerreiben. Die Kokosmilch in einem Topf erhitzen und Koriander-Knoblauch-Mischung hinzufügen. Zum Kochen bringen, dann Schweinefleisch, Garnelen und restliche Zutaten dazugeben. Alles etwa 7 bis 10 Minuten kochen lassen, bis das Fleisch gar ist. Den Topf von der Kochstelle nehmen. Die Sauce in eine Schüssel gießen und mit Koriander und Chilistreifen bestreuen.

Die Sauce mit den Reiskräckern servieren.

YAM MA MUANG

Salat von grüner Mango

Manche Leute finden diesen Salat etwas sauer, man kann jedoch nach Belieben mehr Zucker hinzufügen.

•FÜR 4 PERSONEN•

350 g Fruchtfleisch von grünen, unreifen Mangos, in lange
Stifte geschnitten
25 g ungesüßte Kokosraspeln, ohne Fett hellbraun geröstet
25 g getrocknete Garnelen
3 EL in Scheiben geschnittene Schalotten
5 frische kleine grüne Chillies, gehackt
1 EL Palmzucker (oder nach Geschmack)
Fischsauce (nach Belieben)
Limettensaft (nach Belieben)

Alle Zutaten vermischen. Falls Salz fehlt, noch etwas Fischsauce hinzufügen, falls der Salat nicht sauer genug ist, weiteren Limettensaft.

PHRIK NAM PLAA

Fischsauce mit Chillies

Diese würzige Sauce fehlt auf keinem thailändischen Tisch. Sie wird sowohl zum Würzen als auch zum Salzen von Speisen benutzt.

50 ml Fischsauce
10 frische kleine, grüne Chillies, in kleine Scheiben geschnitten
1 TL in Scheiben geschnittene Schalotte
¼ TL Palmzucker
1 EL Limetten- oder Zitronensaft

Alle Zutaten sorgfältig vermischen. Die Sauce paßt zu fast allen thailändischen Gerichten, insbesondere Reis. Man träufelt ein wenig über die Speisen, um den Geschmack zu heben.

KOP PHAD PHED

Pikante Froschschenkel

•FÜR 4 PERSONEN•

50 ml Erdnuß- oder Maisöl
2 EL rote Chilipaste (Fertigprodukt oder kaeng ped yang, siehe Seite 50)
16 Froschschenkel
50 g grüne Pfefferkörner
5 kleine weiße Auberginen, geviertelt
3 frische rote Chillies, längs in Streifen geschnitten
40 g Galgant (ka) oder Ingwer, in dünne Stifte geschnitten
2 TL Fischsauce
½ TL Palmzucker
20 g Basilikumblätter

Das Öl im Wok oder einer Pfanne erhitzen. Die Chilipaste zufügen und 2 Minuten braten, dann Froschschenkel und Pfefferkörner darin wenden. Auberginenviertel, Chillies, Galgant oder Ingwer, Fischsauce und Zucker hinzufügen. Alles gut vermischen und 3 Minuten braten. Das Basilikum hineinrühren und den Wok von der Kochstelle nehmen.

Mit Reis als Beilage servieren.

NAM PHRIK PLA TOO

Pikanter Dip mit Makrelen

•**FÜR 6 PERSONEN**•

3 kleine Makrelen (je 100 g schwer), gesäubert und ausgenommen
oder 300 g grätenfreie Makrelenfilets
1¹/₂ TL Salz
¹/₂ EL Garnelenpaste
2 EL getrocknete Garnelen, zerrieben
1 EL in Scheiben geschnittener Knoblauch
2 kleine grüne Auberginen, geschält
15 frische kleine rote oder grüne Chillies
6 erbsengroße Auberginen oder frische grüne Erbsen
2 EL Zitronensaft
1 EL Fischsauce
¹/₂ EL Palmzucker
1 frische große rote Chilischote, in kleine Scheiben geschnitten
50 ml Erdnuß- oder Maisöl

Den Fisch innen und außen mit Salz einreiben und für 1 Stunde an einen kühlen Platz stellen.

Die Garnelenpaste in Alufolie wickeln und bei starker Hitze 5 Minuten ohne Fett rösten (oder 8 Minuten bei 180 °C im Backofen), dann auswickeln. Garnelenpaste, getrocknete Garnelen, Knoblauch und Auberginen im Mörser oder Mixer pürieren. Kleine Chillies hinzufügen, grob zerreiben, dann die restlichen Zutaten unterheben, ausgenommen die rote Chilischote, die später als Garnierung verwendet wird.

Das Öl in einer Pfanne oder einem Wok bei mittlerer Temperatur erhitzen und den Fisch auf jeder Seite 6 bis 8 Minuten braten – das Fleisch sollte durch, aber in der Mitte fest und weiß sein.

Mit frischen Gemüsen wie leicht gekochtem Kohl und grünen Bohnen servieren.

GLUAI TOD

Gebratene Bananen

Wenn möglich, sollte man für dieses (und andere) Bananendesserts kleine, duftende Bananen verwenden.

• F Ü R 4 B I S 6 P E R S O N E N •

350 g Reismehl

250 ml Wasser

50 g Kokosraspeln

3 EL Mehl

3 EL Zucker

2 EL Sesam

2 TL Backpulver

1 TL Salz

etwa 1,5 l Erdnuß- oder Maisöl zum Fritieren

450 g kleine, leicht grüne Bananen, geviertelt

Alle Zutaten mit Ausnahme von Öl und Bananen in einer Schüssel sorgfältig vermischen. Das Öl im Wok oder einem tiefen Topf auf etwa 180 °C erhitzen.

Die Bananenviertel im Teig wenden und etwa 3 Minuten fritieren, bis sie braun, aber nicht zu dunkel sind. Drehen und noch einmal 2 Minuten fritieren. Mit dem Schaumlöffel herausheben und auf Küchenpapier abtropfen lassen.

Sofort servieren.

SANGKHYAA FAK THONG

Kokoscreme in jungem Kürbis

Dies ist eine besondere – und in meinen Augen interessantere – Variante eines der bekanntesten und beliebtesten thailändischen Desserts. Gewöhnlich serviert man es in einer Kokosnußschale, ein ausgehöhlter Kürbis sieht jedoch nicht nur reizvoller aus, sondern sein Fleisch bildet auch einen angenehmen Kontrast zu der süßen Creme.

• F Ü R 4 B I S 6 P E R S O N E N •

1 kleiner Kürbis

9 Enten- oder Hühnereier

250 g Palmzucker

450 ml dünne Kokosmilch

Von dem Kürbis vorsichtig einen Deckel abschneiden und behutsam die Samen entfernen. Eier, Zucker und Kokosmilch in einer Schüssel schaumig schlagen, dann 10 Minuten stehen lassen. Die Mischung durch Nesseltuch in den Kürbis seihen.

In einem Wok oder Dämpfer zugedeckt 30 Minuten dämpfen, den Deckel des Kürbis an der Seite mitdämpfen. Die Creme ist fertig, wenn ein in die Mitte gestochener Spieß beim Herausziehen sauber bleibt. Über Nacht in den Kühlschrank stellen. Vor dem Servieren den Deckel aufsetzen und den Kürbis zum Verzehr in Spalten schneiden.

FOI THONG

Goldene Fäden

• F Ü R   6   P E R S O N E N •
4 Eierschalen
1 kg Zucker
1,8 l Wasser
1 TL Vanille-Extrakt oder Jasmin-Wasser
15 Eigelbe, falls möglich von Enteneiern, verquirlt

In den Boden einer gut ausgewaschenen Metalldose mit einem Nagel der Stanzwerkzeug etwa 25 kleine Löcher schlagen. Nochmals sorgfältig spülen.

Eierschalen, Zucker und Wasser in einem Topf zum Kochen bringen und köcheln lassen, bis die Flüssigkeit etwa um die Hälfte reduziert ist. Durch ein Nesseltuch gießen.

Den Sirup wieder zum Köcheln bringen und den Vanille-Extrakt hinzufügen. Dann das verquirlte Eigelb portionsweise (die Dose jeweils etwa zur Hälfte füllen) durch den »Durchschlag« in den köchelnden Zuckersirup gießen. Nach etwa 1 Minute mit dem Schaumlöffel herausheben. Diesen Arbeitsgang wiederholen, bis das ganze Eigelb verbraucht ist. Die Fäden auf einem Gitter abtropfen lassen. Nach dem Abkühlen in kleinen Bündeln zusammennehmen und servieren oder bis zum Gebrauch im Kühlschrank aufbewahren.

KHAO NIAOW MA MUANG

Klebreis mit Mangos

Dieses Dessert ist einfach (wenn man das Dämpfen des Klebreises beherrscht, siehe Seite 15), aber immer ein Erfolg, der auf seinen Kontrasten beruht: der unterschiedlichen Süße von Kokosmilch und gelber Mango wie auch der verschiedenartigen Beschaffenheit von Reis und Obst.

•FÜR 4 BIS 6 PERSONEN•
450 g Klebreis
750 ml dünne Kokosmilch
50 g Zucker
¹/₂ TL Salz
¹/₂ TL Maisstärke
2 reife Mangos, geschält und in Scheiben geschnitten

Den Reis 4 Stunden in kaltem Wasser quellen lassen, dann dreimal gut unter lauwarmem Wasser abspülen und sorgfältig abtropfen lassen. Einen Durchschlag mit Nesseltuch auslegen, den Reis hineingeben und über einen Topf mit kochendem Wasser setzen – das Wasser darf nicht in Kontakt mit dem Reis kommen. Den Reis zugedeckt etwa 30 Minuten dämpfen, bis er relativ weich ist.

Von der Kokosmilch 100 ml zurückstellen, den Rest mit dem Zucker und ¹/₄ TL Salz vermischen. Den Reis hinzufügen und sorgfältig unterrühren.

Die zurückgestellte Kokosmilch mit dem übrigen Salz und der Maisstärke in einem kleinen Topf vermischen, zum Kochen bringen und 2 Minuten köcheln lassen. Zum Abkühlen beiseite stellen.

Den Klebreis auf Serviertellern anrichten, mit der Sauce übergießen und mit den Mangoscheiben garnieren.

KHANOM PIAK POON

Süßes schwarzes Gelee

Dieses ausgefallene Dessert muß eines der wenigen Gerichte auf der Welt sein, das mit den Außenschichten einer reifen Kokosnuß zubereitet wird, etwas, das man im Westen glücklicherweise leicht bekommt.

•FÜR 6 BIS 8 PERSONEN•
50 g braune Fasern von Kokosnußschalen
1,25 l Wasser
350 g Reismehl
¹/₂ EL Tapiokamehl
450 g Palmzucker
250 g ungesüßte Kokosraspeln
¹/₄ TL Salz

Die Kokosfasern im Backofen bei 190 °C etwa 20 Minuten rösten, bis sie schwarz sind, dabei gelegentlich wenden, dann hacken. Mit 250 ml Wasser vermischen und zweimal durch ein Nesseltuch seihen.

Reis- und Tapiokamehl in einer großen Schüssel vermischen, dann das restliche Wasser und den Zucker hineinrühren. Das Kokoswasser unterrühren und noch einmal durch ein Nesseltuch geben.

Die Mischung in einen Edelstahltopf gießen, langsam zum Kochen bringen und etwa 20 Minuten ununterbrochen rühren, bis sie sehr dick ist – darauf achten, daß sie nicht anbrennt. In ungefettete, flache Kuchenformen gießen und eine Stunde abkühlen lassen. Dann für eine Stunde oder über Nacht in den Kühlschrank stellen.

Um das Gelee herauszulösen, die Formen durch Eintauchen in warmes Wasser leicht erwärmen, dann das Gelee auf einen Teller stürzen und in mundgerechte Stücke schneiden. Die Kokosraspeln mit dem Salz vermischen und über das Gelee streuen.

THONG YOD

Goldene Kugeln

• F Ü R   6   P E R S O N E N •
20 Eigelbe, falls möglich von Enteneiern
450 g Reismehl
1,8 l Wasser
1 kg Zucker
4 Eierschalen
1 TL Jasmin-Wasser oder Vanille-Extrakt

Eigelbe und Mehl in einer Schüssel gut vermischen und beiseite stellen. Wasser, Zucker und Eierschalen in einem Topf kochen, bis die Flüssigkeit auf die Hälfte reduziert ist, dann durch ein Nesseltuch geben. Wieder in den Topf gießen und zum Köcheln bringen. Jasmin-Wasser oder Vanille-Extrakt hinzufügen.

Aus der Eimasse Kugeln in Größe runder Trauben formen und diese in den köchelnden Zuckersirup legen. Wenn sie an die Oberfläche steigen, mit dem Schaumlöffel herausheben und auf Küchenpapier abtropfen lassen. Den Sirup durch ein Nesseltuch in eine große Schüssel gießen und zum Abkühlen beiseite stellen.

Die goldenen Kugeln für 30 Minuten in den Zuckersirup legen. Dann mit dem Schaumlöffel herausnehmen und in den Kühlschrank stellen.

Kalt servieren.

MET KANOON

Jackfruchtkerne

Diese Süßigkeit gehört zu einer Reihe von Naschereien, die aus Eigelb hergestellt werden. Jackfrucht wird für dieses Rezept nicht verwendet. Die Süßigkeit verdankt ihren Namen der Tatsache, daß sie eine ähnliche Form wie die Kerne hat.

• F Ü R   6   B I S   8   P E R S O N E N •
350 g getrocknete gelbe Mungbohnen
850 g Zucker
900 ml dünne Kokosmilch
1,25 l Wasser
10 Eigelbe, wenn möglich von Enteneiern, verquirlt

Die Mungbohnen 1 Stunde in Wasser einweichen, dann abtropfen lassen und etwa 20 Minuten dämpfen, bis sie weich sind. Mit der Gabel zerdrücken oder in der Küchenmaschine pürieren.

Die Bohnen mit 350 g Zucker und der Kokosmilch in einem Topf zum Kochen bringen und etwa 15 Minuten unter Rühren köcheln lassen, bis eine Paste entstanden ist – Vorsicht, daß die Mischung nicht anbrennt. Von der Kochstelle nehmen und abkühlen lassen.

In der Zwischenzeit einen Sirup zubereiten: Das Wasser mit dem restlichen Zucker auf die Hälfte einkochen lassen. 225 ml Sirup abnehmen und beiseite stellen. Den restlichen Sirup weiterhin langsam köcheln lassen.

Aus der Bohnenpaste kleine Ovale formen und in Portionen von jeweils acht bis zehn Stück garen. Dazu die Ovale zuerst in das Eigelb tauchen, dann in den Topf mit dem Sirup geben. Wenn sie nach oben steigen, mit dem Schaumlöffel herausheben und auf Küchenpapier abtropfen lassen. Für 30 Minuten in den aufbewahrten Sirup legen, herausnehmen und 5 Minuten abtrocknen lassen.

Sofort servieren oder abgedeckt in den Kühlschrank stellen. Mit Raumtemperatur servieren.

GLUAI BUAD CHII

In Kokosmilch gegarte Banane

Etwas Salz verleiht dieser Süßspeise einen erfrischenden, etwas ungewöhnlichen Geschmack. Sie paßt gut zu Eiscreme.

•FÜR 4 PERSONEN•
2 bis 3 kleine, leicht grüne Bananen
900 ml dünne Kokosmilch
150 g Zucker
$^1/_4$ TL Salz

Die Bananen längs in Scheiben schneiden, die Scheiben halbieren. Die Kokosmilch in einen Topf gießen. Salz und Zucker hinzufügen. Die Mischung zum Kochen bringen, die Bananen dazugeben und 2 Minuten kochen, dann von der Kochstelle nehmen. In der Kokosmilch warm oder kalt servieren.

DER GOLF VON THAILAND

So wie die weiten Ebenen des Menam Chaophaya die Reisschale des Landes sind, ist der große Golf, in den der Fluß mündet, Thailands Lieferant für Protein. Tag und Nacht fährt von Häfen, die sich zu beiden Seiten des Deltas entlang der Küste aneinanderreihen, die Fischereiflotte aus bunten Holzbooten hinaus, um in Gewässern zu fischen, die die Thais »Ao Thai« nennen. Die Fischereiindustrie des Landes ist eine der größten in Südostasien und bringt riesige Fänge an Makrelen, Meeräschen, Königsbarschen und viele andere Arten ein. Unseligerweise wird hier aber nicht nur Fischen nachgestellt: Mancher thailändische Fischer soll im Nebenerwerb als Seeräuber tätig sein.

Eine für den Golf typische kleine Hafenstadt ist Prachuap Khiri Khan an der Küste der schmalen Landenge von Kra. Über weite Strecken des Tages liegt der lange Kai still in der lähmenden Hitze, doch wenn die Fischerboote zurückgekehrt sind, drängen sich hier nach Einbruch der Dunkelheit Menschen, die die Fänge an Land bringen, Decks abspritzen, riesige Eisblöcke in Laderäume hieven und Netze flicken. Am nächsten Morgen ist der Fisch auf dem Markt, und kurze Zeit später wird er in heimischen Küchen und Restaurants nach zahllosen Methoden zubereitet.

Die Fischbestände im Golf von Thailand und der Andamanen-See auf der anderen Seite der Landenge in Richtung Malaysia setzen sich natürlich aus ganz anderen Arten zusammen, als in Europa und Amerika gewöhnlich angeboten werden. Doch für jede der beliebten Arten gibt es Ersatz, und auch wenn Sie nicht genau das Passende finden können, geht die Welt nicht unter. Wichtig ist, daß das Fleisch der gewählten Art ähnliche Eigenschaften besitzt wie das des thailändischen Fisches, der für ein bestimmtes Gericht benutzt wird. Wenn man zum Beispiel *plaa raad phrik* zubereitet, sollte das Fleisch fest sein, damit der Fisch seine Form behält. Ein thailändischer Koch würde vermutlich *plaa kapong* verwenden, in Europa ist Seebarsch ein guter Ersatz.

In einigen Städten des Westens ist möglicherweise tiefgekühlter asiatischer Fisch erhältlich. Ob man diesen oder einen anderen Fisch verwendet, hängt hauptsächlich davon ab, wie viel Wert man auf Frische legt. Denken Sie auch daran, daß bei pikanteren Rezepten der Geschmack des Fisches besser herauskommt, wenn man die Speisen dämpft, und in diesem Fall ist frischer Fisch vorzuziehen.

Die folgenden Arten gehören in Thailand zu den beliebtesten Fischen:

Plaa chorn Beliebter Fisch, der bei uns Königsbarsch oder Cobia genannt wird. Er hat weißes, festes, wohlschmeckendes Fleisch.

Paa duk Wels.

Plaa jaramet Brasse (oder Brachsenmakrele); mittelgroßer silbriger Fisch, mit schlankem, aber hohem Körper. Er wird in Südostasien sehr geschätzt, da er einen hervorragenden Geschmack hat. Das weiße, feste Fleisch löst sich leicht von den Gräten und eignet sich gut für *plaa jian*.

Plaa kabork Meeräsche; kleiner bis mittelgroßer Fisch.

Plaa kapong Hinter diesem Namen verbergen sich eine Reihe von Schnapper- und Barscharten. Die Qualität dieser Arten ist unterschiedlich, ein Umstand, den gerissenere Fischhändler in Thailand zu nutzen wissen. Eine der schmackhaftesten Arten ist der thailändische Seebarsch. Im nördlichen Europa ersetzt man ihn wohl am besten durch heimischen Seebarsch.

Plaa karang Grouper; hat festes, weißes, schmackhaftes Fleisch, das sehr geschätzt wird. Er ist in unterschiedlichen Färbungen erhältlich.

Plaa pan Pony Fisch.

Plaa samlii Bernsteinmakrele, Königsmakrele.

Neben Fisch werden auch Meeresfrüchte wie Garnelen, Krabben und andere Schalentiere gefangen.

Nicht all die üppigen Fischfänge aus dem Golf werden frisch gekocht und sofort verzehrt. Seit jeher ist Fermentation eine bewährte Art der Haltbarmachung. Die traditionellen Konservierungsmethoden Europas sind Einsalzen und Trocknen, doch im heißen, feuchten Klima Thailands ist das Risiko, daß der Fisch verdirbt, ungleich höher. Im Zeitalter von Eis und Kühltransportern stellt dies heute kein wirkliches Problem mehr dar, doch der Geschmack fermentierten Fisches ist aus der thailändischen Küche nicht mehr wegzudenken. Eine ihrer beliebtesten Zutaten ist eine recht streng riechende, salzige braune Flüssigkeit, die *nam plaa*, Fischsauce, genannt wird. In ihrer besten Qualität ist sie klar und bernsteinfarben und praktisch identisch mit *nuoc mam* aus Vietnam und anderen Saucen dieser Art, die überall in Südostasien benutzt werden. Auch wenn ein Nahrungsmittel aus fermentiertem Fisch vielen Menschen im Westen wenig verlockend erscheinen mag, hat die Sauce keineswegs einen unangenehmen Geschmack. *Nam plaa* verleiht der thailändischen Küche eines ihrer typischen und unnachahmlichen Aromen.

Nam plaa kann aus Meeres- und Süßwasserfisch hergestellt werden. Das Zentrum der kommerziellen Produktion liegt dicht beim Golf, insbesondere in der Stadt Rayong, einem Seehafen nicht weit von Pattaya, an der Straße, die von Bangkok nach Südosten verläuft. Hierher bringt die Trawlerflotte Tag für Tag tonnenweise Fisch, der zu Sauce verarbeitet wird. Man schichtet die Fische dazu mit Salz in große Fässer und läßt sie einige Monate stehen. Die bei der Fermentation entstehende Flüssigkeit zieht man ab und füllt sie in Gefäße. Anschließend wird noch einmal Sauce geringerer Qualität erzeugt, indem man weiteres Salzwasser in die Fässer gibt (was der zweiten und dritten Pressung von Olivenöl vergleichbar ist). Dann »reift« die *nam plaa* - traditionell in Steingutkrügen – und kommt in den Handel. (Weitere Einzelheiten zur Verwendung von *nam plaa* siehe Seite 14.)

LINKS *Fischer in Hua Hin, deren Fänge im ganzen Land verkauft werden, auch auf dem lokalen Markt* (OBEN).

PLAA RAAD PHRIK

Gebratener Fisch mit Chilisauce

Durch das Einschneiden des Fisches entstehen im Fleisch kleine Taschen für die Sauce, die kurz vor dem Servieren auf den Fisch geschöpft wird.

•FÜR 4 BIS 6 PERSONEN•
8 Knoblauchzehen
5 frische gelbe Chillies
1 kg Fluß- oder Seebarsch, gesäubert und ausgenommen
etwa 700 ml Erdnuß- oder Maisöl zum Fritieren
je ¹/₂ TL Salz und gemahlener weißer Pfeffer
Mehl zum Wenden
100 ml Hühnerbrühe
2 frische rote Chillies, längs geviertelt
1 EL Tamarindensaft oder Essig
2 TL Zucker
1 TL Fischsauce
15 g Basilikumblätter, 1 Minute in Öl knusprig gebraten

Knoblauch und Chillies im Mörser oder Mixer grob zerkleinern.

Den Fisch auf beiden Seiten fünf- oder sechsmal einschneiden. Mit Salz und Pfeffer bestreuen und im Mehl wenden. Das Öl im Wok oder einem Topf auf 180 °C erhitzen. Den Fisch 7 bis 10 Minuten fritieren, bis er außen knusprig, aber innen noch zart ist. Herausheben, abtropfen lassen und auf eine Servierplatte legen.

Das Öl bis auf etwa 50 ml aus dem Topf gießen. Im verbliebenen Öl die Knoblauch-Chili-Mischung garen und die restlichen Zutaten (bis auf das Basilikum) hinzufügen. Etwa 5 Minuten leicht kochen lassen, bis

die Sauce etwas eingedickt ist. Über den Fisch schöpfen und die gebratenen Basilikumblätter als Garnierung darüberstreuen.

Mit Reis als Beilage servieren.

PLAA PHAO

Gegrillter Fisch

Dieser einfach zubereitete Fisch wird, ganz nach thailändischer Art, durch die als Beilage gereichte *nam chim*-Sauce interessant.

•FÜR 4 PERSONEN•
12 Knoblauchzehen, zerdrückt
5 Korianderwurzeln
2 EL Weinbrand
1 EL weiße Pfefferkörner, zerstoßen
2 TL helle Sojasauce
2 kleine Fluß- oder Seebarsche (jeweils 600 g schwer),
gesäubert und ausgenommen
1 TL Salz
frische Bananenblätter oder Folienquadrate zum Einwickeln
Butter zum Einfetten
NAM CHIM-SAUCE
50 ml Tamarinden-, Limetten- oder Zitronensaft
2 EL Fischsauce
2 EL in Scheiben geschnittene Schalotten
1 EL Palmzucker
1 TL in dünne Scheiben geschnittene frische kleine grüne Chilischote
1 TL feingehackte Korianderblätter mit Stengeln

Knoblauch, Korianderwurzel, Weinbrand, weiße Pfefferkörner und Sojasauce im Mörser oder Mixer pürieren. Den Fisch mit Salz einreiben, anschließend mit der Knoblauchmischung.

Bananenblätter oder Folienquadrate mit Butter fetten und 1 TL Wasser daraufgeben. Die Fische einzeln einpacken. Bei 180 °C 15 bis 20 Minuten im Backofen garen oder bei mittlerer Hitze grillen, bis sie durch sind, zwischendurch einmal drehen.

In der Zwischenzeit die Zutaten für die Sauce sorgfältig vermischen. Die gegarten Fische auswickeln und mit der Sauce servieren.

Als Beilage Reis reichen.

PLAA NUNG MANAO PHRIK SOD

Gedämpfter Fisch mit Zitrone und Chillies

Die Kombination von Zitronen- oder Limettensaft und frischen Chillies in der Sauce gibt diesem Gericht eine erfrischende säuerliche Schärfe.

•FÜR 4 PERSONEN•
1 See- oder Flußbarsch (500 g schwer), gesäubert und ausgenommen
100 ml Zitronen- oder Limettensaft
2 EL grobgehackte frische kleine grüne Chillies
2 EL gehackter Knoblauch
2 EL Fischsauce
$^1/_2$ EL Salz
1 TL Zucker
10 g Korianderblätter mit Stengeln, in 1 cm große Stücke geschnitten

Den Fisch 15 Minuten dämpfen, bis er gar, aber noch fest ist. In der Zwischenzeit die übrigen Zutaten mit Ausnahme des Korianders vermischen. Den gegarten Fisch auf eine Servierplatte legen und die dicke Sauce darüberschöpfen (der Fisch muß dabei sehr heiß sein). Mit Koriander bestreut servieren.

Mit Reis als Beilage reichen.

KHAO PHAD KUNG

Mit Garnelen gebratener Reis

•FÜR 6 PERSONEN•
100 ml Erdnuß- oder Maisöl
1 EL gehackter Knoblauch
200 g geschälte rohe Garnelen
3 Eier, verquirlt
40 g in Scheiben geschnittene Zwiebel
1 Tomate, in 6 Spalten geschnitten
750 g gegarter Reis
15 g gehackte Frühlingszwiebel
$^1/_2$ EL helle Sojasauce
1 TL Zucker
1 TL Salz
1 TL gemahlener weißer Pfeffer
50 g Salatgurke, geschält und in Scheiben geschnitten

Das Öl im Wok oder einem Topf erhitzen und den Knoblauch hineingeben. Unter Rühren anbraten, dann die Garnelen hinzufügen und 1 Minute braten. Die Eier dazugeben und ebenfalls 1 Minute braten, nun Zwiebelscheiben und Tomatenstücke hinzufügen. 1 Minute unter Rühren braten. Reis, Frühlingszwiebel, Sojasauce, Zucker, Salz und Pfeffer dazugeben. Gut durchrühren und alles bei starker Hitze 3 Minuten garen. Auf Serviertellern anrichten und rundum mit Gurkenscheiben garnieren.

Mit *phrik nam plaa* (Seite 25), ganzen Frühlingszwiebeln und in Scheiben geschnittener Salatgurke servieren.

KUNG KRATHIAM PHRIK THAI

Garnelen in Knoblauch und Pfeffer gebraten

•FÜR 4 PERSONEN•
etwa 100 ml Erdnuß- oder Maisöl zum Braten
300 g große rohe Garnelen, geschält
$^1/_2$ EL grobgehackter Knoblauch
2 EL gemahlener weißer Pfeffer
1 TL Salz

Das Öl im Wok oder einer Pfanne erhitzen und die Garnelen darin etwa 2 Minuten leicht bräunen. Drei Viertel des Öls abgießen und Knoblauch, Pfeffer und Salz in die Pfanne geben. Die Garnelen noch einmal 2 Minuten braten, bis sie gut gebräunt sind. Fast das gesamte Öl abgießen, dann die Garnelen sofort servieren.

Als Beilage Reis und in Scheiben geschnittene Salatgurke reichen.

PO TAEK

Suppe von Meeresfrüchten

Bei den unten aufgeführten Meeresfrüchten handelt es sich lediglich um Vorschläge. Verwenden Sie, was beim Fischhändler erhältlich ist, versuchen Sie jedoch, eine möglichst große Vielfalt zusammenzustellen.

•FÜR 4 BIS 6 PERSONEN•
1,25 l Hühnerbrühe
150 g Seebarsch oder anderer Fisch mit festem Fleisch, gesäubert,
ausgenommen und in 6 Stücke geschnitten
5 rohe Garnelen, geschält
1 Blaukrabbe, gesäubert, aus der Schale genommen und in 6 Stücke zerteilt
6 Miesmuscheln in der Schale, sorgfältig gesäubert
150 g Kalmar, Körperbeutel mit Tentakeln, gesäubert,
ausgenommen und in 2 cm große Stücke geschnitten
2 Stengel Zitronengras, in 5 cm große Stücke geschnitten und zerdrückt
40 g in Scheiben geschnittener Galgant (ka)
3 Blätter von Kaffir-Limetten, in Streifen geschnitten
15 g Basilikumblätter
8 frische kleine grüne Chillies, ausgedrückt
5 getrocknete rote Chillies, leicht geröstet
2¹/₂ EL Fischsauce (oder nach Geschmack)
¹/₄ TL Palmzucker
1 EL Limetten- oder Zitronensaft (oder nach Geschmack)

Die Hühnerbrühe im Wok oder einem Topf zum Kochen bringen. Fisch, Meeresfrüchte, Zitronengras, Galgant und Limettenblätter hinzufügen. Zum Kochen bringen, alle restlichen Zutaten zugeben und 2 Minuten garen, dann von der Kochstelle nehmen. Abschmecken und nach Belieben noch Fischsauce oder Limettensaft hinzufügen.

In Schalen servieren und dazu Reis, Fischsauce und Limetten- oder Zitronensaft reichen.

CHOO CHII KUNG

Garnelen mit Kokosmilch und Chilipaste

•FÜR 4 PERSONEN•
450 ml dünne Kokosmilch
450 g große rohe Garnelen, geschält
2 EL Fischsauce
1¹/₂ EL Zucker
2 frische große rote Chillies, in Stifte geschnitten
1 EL Korianderblätter
1 TL in Streifen geschnittenes Kaffir-Limettenblatt
CHILIPASTE
5 getrocknete rote Chillies, grobgehackt
1¹/₂ EL in dünne Scheiben geschnittene Schalotte
¹/₂ EL fein geschnittenes Zitronengras
¹/₂ EL gehackter Knoblauch
2 TL Salz
1 TL Garnelenpaste
1 TL in Scheiben geschnittener Galgant (ka)
¹/₂ TL gehackte Kaffir-Limettenschale
¹/₂ TL gehackte Korianderwurzeln oder -stengel

Alle Zutaten für die Chilipaste im Mörser oder Mixer zu einer feinen Paste verarbeiten.

In einem Topf oder Wok die Hälfte der Kokosmilch erhitzen. Die Chilipaste hinzufügen und 2 bis 3 Minuten garen, bis sie zu duften beginnt. Die Garnelen dazugeben und 1 Minute garen, dann die restliche Kokosmilch, Fischsauce und Palmzucker hinzufügen. Den Topfinhalt 2 Minuten kochen lassen, dann von der Kochstelle nehmen. In eine Servierschüssel füllen und mit Koriander, Chillies und Limettenblatt garnieren.

Mit Reis als Beilage servieren.

YAM THALAE

Pikanter Meeresfrüchte-Salat

Thailändische Salate wie dieser sind aromareiche Kompositionen aus verschiedenen Zutaten, ganz anders als die Salate, wie wir sie im Westen kennen. Die meisten sind ungemein würzig. Dieser kombiniert drei der Grundgeschmacksrichtungen: scharf, sauer und salzig.

• FÜR 6 PERSONEN •

150 g See- oder Flußbarschfilet, in schmale Streifen geschnitten
150 g große Garnelen, geschält
150 g Kalmar (Körperbeutel und Tentakel), gesäubert, ausgenommen und in 2 cm breite Streifen geschnitten
7 frische kleine grüne Chillies
5 Knoblauchzehen
2 Korianderwurzeln
2 EL Fischsauce
$^1/_2$ TL Zucker
2 EL Limetten- oder Zitronensaft
4 Frühlingszwiebeln, in 5 mm dicke Scheiben geschnitten
100 g Zwiebel, in dünne Scheiben geschnitten
50 g Staudensellerie mit Blättern, in Scheiben geschnitten

Fisch, Garnelen und Kalmar getrennt 2 bis 3 Minuten in gesalzenem Wasser garen und abtropfen lassen.

Chillies, Knoblauch, Korianderwurzeln, Fischsauce und Zucker im Mörser oder Mixer pürieren. In eine Schüssel geben und Zitronensaft, Frühlingszwiebeln, Zwiebel und Sellerie hineinrühren. Fisch und Meeresfrüchte untermischen und den Salat gut durchheben.
Sofort servieren.

YAM HOI MALAENG POO

Pikanter Salat von Miesmuscheln

• FÜR 4 PERSONEN •

400 g gegartes Miesmuschelfleisch (etwa 1,5 kg Miesmuscheln dämpfen und das Fleisch aus den Schalen nehmen)
10 frische kleine grüne Chillies, feingehackt
10 g Minzeblätter
3 EL Limetten- oder Zitronensaft (oder nach Geschmack)
$2^1/_2$ EL Fischsauce (oder nach Geschmack)
2 EL in Scheiben geschnittene Schalotten
2 EL Ingwer, in kleine Stifte geschnitten
2 EL fein geschnittenes Zitronengras
$^1/_2$ EL in Streifen geschnittenes Kaffir-Limettenblatt
1 kleiner Kopf weißer Chinakohl, in Spalten geschnitten
$^1/_2$ kleiner Kopf Weißkohl, in Spalten geschnitten

Alle Zutaten mit Ausnahme des Kohls in einer Schüssel vermischen. Abschmecken und nach Belieben noch Limettensaft oder Fischsauce hinzufügen. Auf einer Platte anrichten und den Kohl rundum arrangieren.

HOI LAI PHAD PHRIK PAO

Teppichmuscheln mit Chillies und Basilikum

Für dieses Gericht können auch Herz- oder größere Venusmuscheln verwendet werden – in diesem Fall die Garzeit einfach etwas verlängern.

• **FÜR 4 PERSONEN** •

etwa 75 ml Erdnuß- oder Maisöl zum Braten
600 g frische Teppichmuscheln mit Schalen, sorgfältig gesäubert
1¹/₂ EL gehackter Knoblauch
5 frische rote Chillies, längs in Streifen geschnitten
2 EL rote Chilipaste
2 TL helle Sojasauce
100 ml Hühnerbrühe
50 g Basilikumblätter

Das Öl in einem Topf oder Wok auf etwa 190 °C erhitzen. Muscheln und Knoblauch hinzufügen und 2 bis 3 Minuten garen, bis sich die Muscheln etwas öffnen. Frische Chillies, Chilipaste und Sojasauce zugeben und gut untermischen, dann die Hühnerbrühe dazugießen. Den Topfinhalt zum Kochen bringen, 2 Minuten garen und das Basilikum unterrühren. Sofort servieren.

Als Beilage Reis reichen.

HOI SHELL

Jakobsmuscheln nach thailändischer Art

Dies ist eine besonders schmackhafte Alternative zu den oft langweiligen Rezepten für diese Meeresfrüchte, die sich großer Beliebtheit erfreuen.

• **FÜR 4 PERSONEN** •

16 mittelgroße Jakobsmuscheln, 4 möglichst mit Schale
50 g Butter, zerlassen
2 EL Limettensaft
1 EL gehackter Knoblauch
1 EL gehackte Schalotten
1 EL gehackte Ingwerwurzel
1 EL gehackte Korianderblätter
Salz und gemahlener weißer Pfeffer nach Geschmack

Die Jakobsmuscheln mit allen anderen Zutaten in einer Schüssel vermischen und würzen. Falls Schalen vorhanden sind, in jeder Schale vier

Muscheln anrichten, andernfalls alle in eine ofenfeste Form geben. Bei 180 °C etwa 10 Minuten im Backofen garen oder bei mittlerer Hitze grillen, aber nicht übergaren.

Mit anderen Speisen servieren oder die Menge verdoppeln und Reis als Beilage reichen.

HOI TOD

Miesmuschel-Pfannkuchen

Die Kombination von Miesmuscheln und Pfannkuchen mag ungewöhnlich anmuten, doch hier wird der Teig mit Tapiokamehl zubereitet. Dies ist ein typisches Gericht der Märkte – wenn man abends über einen Markt in irgendeiner Provinzstadt schlendert, kann man es riechen und brutzeln hören.

• **ERGIBT 8 STÜCK** •

200 ml Erdnuß- oder Maisöl zum Braten
350 g rohes Miesmuschel- oder Austernfleisch
8 Eier
300 g große Bohnensprossen
3 EL in dünne Scheiben geschnittene Frühlingszwiebeln
2 TL gemahlener weißer Pfeffer

TEIG

450 ml Wasser
50 g Weizenmehl
100 g Tapiokamehl
2 EL Backpulver
2 EL Zucker
2 Eier, verquirlt
2 TL Salz

Alle Zutaten für den Teig sorgfältig vermischen (oder fertigen Tempura-Teig verwenden). Eine große schwere Bratpfanne (am besten aus Gußeisen) erhitzen und 1 cm hoch Öl hineingießen.

Etwa 40 g Muschelfleisch und 50 ml Teig vermischen und in die Pfanne geben. Bei mittlerer Hitze etwa 5 Minuten garen, bis die Unterseite gebräunt ist, dann ein Ei auf den Pfannkuchen setzen. Den Pfannkuchen vorsichtig umdrehen und das Ei 3 bis 5 Minuten braten, bis es leicht gebräunt ist. Den Pfannkuchen herausnehmen und auf Küchenkrepp gut abtropfen lassen. Auf diese Weise insgesamt 8 Pfannkuchen herstellen.

Die Bohnensprossen in die Pfanne geben und leicht braten. Auf eine Servierplatte heben und die Pfannkuchen auf ihnen anrichten. Vor dem Servieren mit Frühlingszwiebeln und weißem Pfeffer bestreuen.

Dazu *siricha*-Chilisauce oder eine andere dicke oder scharfe Chilisauce reichen.

POO JAA

Gefüllte Krebspanzer

Dieses Gericht ist in Thailand allein wegen seines Namens sehr bekannt – er bedeutet wörtlich übersetzt »lieber Krebs« –, wenn auch bis heute niemand eine befriedigende Erklärung für ihn gefunden hat.

• **F Ü R   4   P E R S O N E N** •
4 Blaukrabbenpanzer, sorgfältig gesäubert
3 Eier, gut verquirlt
1,25 l Erdnuß- oder Maisöl zum Fritieren
10 g Korianderblätter
2 frische rote Chillies, längs in Streifen geschnitten
F Ü L L U N G
175 g Schweinehackfleisch, gegart
75 g gehackte Garnelen
50 g Krebsfleisch, frisch oder, falls aus der Dose, sehr gut abgetropft
2 EL feingehackte Zwiebel
1 EL in dünne Scheiben geschnittene Frühlingszwiebel
1 TL gemahlener weißer Pfeffer
1 TL Zucker
¹/₄ TL helle Sojasauce
¹/₄ TL Salz

Alle Zutaten für die Füllung vermischen und in die Panzer geben. Das Öl in einem Topf oder Wok auf etwa 180 °C erhitzen.

Die gefüllten Panzer in das verquirlte Ei tauchen und rundum überziehen, dann 10 bis 15 Minuten fritieren, bis die Füllung gut gegart ist. Herausnehmen und auf Küchenpapier sorgfältig abtropfen lassen. Vor dem Servieren mit Koriander und Chillies bestreuen. Als Vorspeise mit Reis und chinesischer Pflaumensauce servieren.

POO PHAD PONG KARII

Krabben mit Curry

Wie Sie sicher mittlerweile festgestellt haben, entsteht die pikante Schärfe thailändischer Gerichte durch Chillies. Bei diesem Gericht wird an ihrer Stelle jedoch Curry verwendet, und für thailändische Verhältnisse ist es nicht scharf.

• **F Ü R   4   B I S   6   P E R S O N E N** •
50 ml Erdnuß- oder Maisöl
1 EL gehackter Knoblauch
1 oder 2 ganze Blaukrabben (je 700 g schwer), gesäubert und mit Panzer, in 4 bis 6 Stücke zerteilt
1 EL Currypulver
3 frische rote Chillies, längs in Streifen geschnitten
50 g Staudensellerie mit Blättern, in 2 cm große Stücke geschnitten
4 Frühlingszwiebeln, in 2 cm breite Stücke geschnitten
¹/₂ TL helle Sojasauce

Das Öl im Wok oder einem Topf erhitzen. Knoblauch und Krabbenstücke hinzufügen. Sorgfältig rühren und 1 Minute garen, dann das Currypulver untermischen. Die Zutaten 1 Minute unter Rühren braten, die Chillies dazugeben und alles noch einmal 1 Minute unter Rühren braten. Staudensellerie, Frühlingszwiebeln und Sojasauce hinzufügen und etwa 2 Minuten unter Rühren braten. Falls die Mischung zu trocken wird, 2 bis 3 Eßlöffel Wasser dazugeben.

Mit Reis als Beilage servieren.

BANGKOK

Thailand war immer ein Agrarland, und noch heute wird sein Charakter durch Reisfelder und Dörfer geprägt. Selbst Bangkok, die Hauptstadt, war vor gut einem Jahrhundert wenig mehr als eine ausgedehnte Anhäufung von Dörfern. Abseits von Palast, Regierungsgebäuden und westlich anmutenden Häusern für Ausländer und reichere Thai-Familien gab es wenig, das die Gemeinden entlang der Kanäle und Straßen von anderen Siedlungen in diesem Teil des Landes unterschied.

Heute erlebt Bangkok jedoch in zunehmender Geschwindigkeit einen wirtschaftlichen Aufschwung. Noch vor einem Jahrzehnt dominierte der Tempel des Golden Mount die Skyline eines großen Teils der Stadt. Heute werden im schnellstmöglichen Tempo Einkaufszentren, Hotels, Bürotürme und Wohnanlagen hochgezogen. Die meisten der berühmten Kanäle der Stadt sind zugeschüttet worden, um Straßen anzulegen, die mit Bangkoks entsetzlichem Verkehr kläglich überfordert sind.

Viele Menschen, die sich mit sentimentalen Gefühlen an die ruhigeren Zeiten erinnern, halten diese rasante Entwicklung für eine Wende zum Schlechteren. Was jedoch die kulinarische Seite betrifft, so hat sich Bangkok zu einer der interessantesten Hauptstädte der Welt gemausert. Es sind hier fast alle Küchen vertreten, manche mit höchstem internationalem Standard. Mittags und Abends scheint Essen das zentrale Thema in Bangkok zu sein – vielleicht stimmt es nicht, daß es hier pro Quadratkilometer mehr Lokale gibt als anderswo auf der Welt, wie behauptet worden ist, aber es hat ganz gewiß diesen Anschein. Abgesehen von den Restaurants sieht man an jeder Straßenecke Stände, die Nudeln, gebratenes Huhn, Würste und zahllose andere Imbisse verkaufen. Manche Straßen sind vollgestopft mit solchen Ständen, die ihre Besitzer vor dem Ansturm am Mittag oder Abend dorthin schieben. Auf den Bürgersteigen stehen dicht an dicht Tische und Stühle.

Bangkok ist, wie Paris, eine Stadt, in der Kulinarisches ernst genommen wird. Essen hat einen wichtigen Platz, und die Thai in Bangkok sind sehr wählerisch, was und wo sie essen. Die meisten kennen die besten Lokale für ihre Lieblingsgerichte, und Essengehen gehört zu den beliebtesten Freizeitbeschäftigungen.

Es überrascht daher nicht, daß in der Hauptstadt alle regionalen Küchen vertreten sind, obgleich man Speisen aus dem Norden seltener findet als andere. Außerdem hat Bangkok seine eigenen Spezialitäten und verdient es, als eigene Region behandelt zu werden.

Die zwei typischen Küchen der Hauptstadt sind Palastküche und chinesische Küche. Die Palastküche oder königliche Küche bildet die feine Seite der thailändischen Kochkunst. Bei den meisten thailändischen Gerichten – und gewiß bei den beliebtesten – ist der Geschmack wichtiger als das Aussehen, und die Mischung der Aromen ist zwar oft raffiniert, aber selten zart. Im Gegensatz dazu werden Gerichte der Palastküche oft großartig präsentiert und haben kompliziertere (wenn auch nicht unbedingt bessere) Aromen. Es sind Gerichte, die im Laufe der Jahrhunderte für den Hof kreiert wurden.

An den Ufern des Chaophaya herrscht geschäftiges Treiben. Überall springen Landungsstege vor, Märkte, Büros und Häuser liegen direkt am Wasser, und der Schiffsverkehr mit seinen Reisbarken, Fähren und schmalen, langen Booten kommt nie zum Erliegen. Der hektischste, unübersichtlichste Teil der Stadt befindet sich etwas südlich vom Großen Palast, und seine geschäftige Betriebsamkeit ist selbst für diese Stadt ungewöhnlich. Es ist die Chinatown, und wie Chinatowns überall auf der Welt, ist sie das Zentrum von Kleinhandel und Wirtschaft. Aus kulinarischer Sicht liegt hier zudem das Epizentrum der thailändisch-chinesischen Küche. Auch wenn viele der hier servierten Speisen südchinesischen Ursprungs sind, haben die Einwanderer, die sich seit den frühesten Tagen der Stadt hier niederließen, ihre Küche an hiesige Zutaten angepaßt.

Viele Gerichte in Bangkok, die dem Besucher ganz und gar thailändisch anmuten mögen, haben chinesische Wurzeln. Nudeln – die Thai nennen sie *kwitiaow* – sind so allgegenwärtig, daß man leicht übersieht, daß es sich bei ihnen um ein chinesisches Importprodukt handelt, wenn auch um ein sehr altes und erfolgreiches.

LINKS *Die Palastanlagen in Bangkok, zum sechzigsten Geburtstag des Königs erleuchtet – der Vollmond scheint nicht zufällig.*

OBEN RECHTS *Plaa khem (gesalzener Fisch) und kung haeng (getrocknete Garnelen) auf dem Chatuchak-Markt in Bangkok.*

RECHTS *Ein Lotus-Verkäufer.*

KRATONG THONG

Goldene Körbchen

Diese knusprigen, fritierten Teigkörbchen sind eine klassische Vorspeise, können aber auch als Snack serviert werden. Das einzig wirkliche Problem ist, eine geeignete Metallform zu finden. Eine winzige Schöpfkelle erfüllt vielleicht diesen Zweck, aber sie sollte nicht mehr als 5 cm Durchmesser haben. Thailändische Förmchen bestehen aus Messing. Die Teighüllen können im voraus hergestellt werden und halten in einer Keksdose oder einem Glas lange Zeit.

• FÜR 4 BIS 6 PERSONEN •

TEIG

50 g Reismehl
6 EL Weizenmehl
4 EL dünne Kokosmilch
2 EL Tapiokamehl
1 Eigelb
$1/4$ TL Zucker
$1/4$ TL Salz
$1/4$ TL Natron
etwa 900 ml Erdnuß- oder Maisöl zum Fritieren

FÜLLUNG

2 EL Erdnuß- oder Maisöl
4 EL feingewürfelte Zwiebel
150 g feingehacktes gegartes Schweine- oder Hühnerfleisch

50 g Mais
2 EL feingewürfelte rohe Kartoffel
2 EL feingewürfelte Möhre
2 EL Zucker
$1/4$ TL dunkle Sojasauce
$1/2$ TL Salz
$1/2$ TL gemahlener weißer Pfeffer
Korianderblätter zum Garnieren
1 frische kleine, rote Chilischote, in dünne Scheiben geschnitten,
zum Garnieren

Alle Zutaten für den Teig in einer Schüssel gut vermischen. Das Öl in einem Topf oder Wok auf etwa 180 °C erhitzen. Die Förmchen zum Erhitzen in das Öl tauchen, dann mit Küchenpapier leicht abtupfen. Die Außenseite der Förmchen in den Teig tauchen und anschließend wieder rasch ins heiße Öl. Den Teig 5 bis 8 Minuten ausbacken, bis er hellbraun ist, dann von den Förmchen abziehen und zum Abtrocknen auf Küchenpapier setzen. Insgesamt 20 bis 25 Teigkörbchen herstellen.

Nun die Füllung zubereiten. 2 EL Öl in einen heißen Wok oder Topf geben. Zwiebeln und Schweinefleisch hinzufügen und 2 Minuten unter Rühren braten. Die restlichen Zutaten dazugeben und etwa 3 Minuten braten, bis die Gemüse recht weich sind. Von der Kochstelle nehmen und abkühlen lassen. Die Füllung auf die Teigkörbchen verteilen. Mit Korianderblättern und kleinen Stücken frischer roter Chilischote garnieren.

Als Vorspeise oder zu Cocktails servieren.

KHAO PHAD KAI

Gebratener Reis mit Huhn

Dies ist ein thailändisches Standardgericht, das stets am besten schmeckt, wenn man Reis vom Vortag nimmt. Zudem läßt es sich mit Reis, der eine Weile im Kühlschrank gestanden hat, leichter zubereiten. Anstelle von Huhn werden häufig auch Garnelen oder Schweinefleisch verwendet.

•**FÜR 4 PERSONEN**•
3 EL Erdnuß- oder Maisöl
200 g Hühnerbrustfilet,
längs in 1 cm dicke Scheiben geschnitten
1 EL gehackter Knoblauch
1 mittelgroße Zwiebel, in Scheiben geschnitten
2 Eier

750 g gegarter Reis
1 Tomate, in 8 Spalten geschnitten
1 Frühlingszwiebel, gehackt
2 TL helle Sojasauce
1 TL Fischsauce
1 TL Zucker
1 TL gemahlener weißer Pfeffer

Das Öl im Wok oder einem Topf erhitzen, dann Hühnerfleisch und Knoblauch hinzufügen und 1 Minuten durchrühren. Die Zwiebel dazugeben und 1 Minute garen, dann die Eier hineinschlagen und sehr gut untermischen. Den Reis und die übrigen Zutaten sorgsam hinein-rühren. 2 Minuten garen, dann sofort servieren.

Als Beilage Gurkenscheiben, ganze Frühlingszwiebeln und *phrik nam plaa* (siehe Seite 25) reichen.

KHAO MAN KAI

Reis mit Huhn

Dieses Gericht chinesischen Ursprungs wird gern mittags gegessen. Das Besondere daran ist, daß der Reis in Hühnerbrühe (im Idealfall Kapaunbrühe) gegart wird. Das Hühnerfleisch stets auf dem Reis anrichten.

•FÜR 4 PERSONEN•
300 g Kapaun- oder Hühnerbrustfilet
1,25 l Wasser
3 Korianderwurzeln
2 TL Salz
200 g Reis, gewaschen
10 Knoblauchzehen, gehackt
15 g Ingwerwurzel, in Scheiben geschnitten und zerdrückt
3 EL Erdnuß- oder Maisöl
1 Stück Salatgurke (12 cm), in 5 mm dicke Scheiben geschnitten
10 g Korianderblätter
KHAO MAN-SAUCE
5 frische grüne Chillies, gehackt
2 EL eingelegte Sojabohnen
$^1/_2$ EL gehackte Ingwerwurzel
$^1/_2$ EL heller Essig
1 TL Zucker
1 TL dunkle Sojasauce
$^1/_4$ TL gehackter Knoblauch

Das Wasser in einem Topf zum Kochen bringen. Die Hühnerbrust mit Korianderwurzeln und Salz hinzufügen und etwa 15 Minuten garen, bis das Fleisch durch ist. Mit dem Schaumlöffel herausnehmen und beiseite stellen. Die Garflüssigkeit durch ein Sieb geben und 900 ml in den Topf zurückgießen. Reis, Knoblauch, Ingwer und Öl hinzufügen. Den Topfinhalt zum Kochen bringen und zugedeckt 15 bis 18 Minuten garen, bis der Reis weich ist, aber noch Biß hat.

Den Reis auf Serviertellern anrichten. Die Hühnerbrust quer in 1 cm dicke Stücke schneiden und auf den heißen Reis legen. Mit Gurkenscheiben garnieren und mit Korianderblättern bestreuen.

Alle Zutaten für die Sauce in einer Schüssel vermischen und zu Huhn und Reis reichen, falls gewünscht auch die restliche Hühnerbrühe.

KWITIAOW RAAD NAA

Gebratene Nudeln mit Huhn, Gemüsen und Sauce

Falls erhältlich, breite, flache Nudeln, die unter dem Namen »sen yai« (siehe Seite 15) im Handel sind, verwenden.

• FÜR 4 PERSONEN •

300 g breite Reis-Bandnudeln (sen yai)
100 ml Erdnuß- oder Maisöl
1 TL dunkle Sojasauce
2 EL feingehackter Knoblauch
200 g Hühnerbrustfilet, längs in 1 cm dicke Scheiben geschnitten
2 EL helle Sojasauce
2 EL Zucker
1 TL gemahlener weißer Pfeffer
1,25 l Hühnerbrühe
400 g Grünkohl oder Brokkoli, in 1 cm große Stücke geschnitten
1 EL Maisstärke, mit etwas Wasser verrührt

Die Nudeln 1 Minute kochen und gut abtropfen lassen. Die Hälfte des Öls im Wok oder einem Topf erhitzen, die Nudeln hinzufügen und 1 Minute leicht braten. Die dunkle Sojasauce dazugeben und die Nudeln noch einmal 1 Minute leicht braten. Das Öl abgießen und die Nudeln auf einen Teller heben.

Das restliche Öl im Wok erhitzen. Knoblauch und Hühnerbrust hinzufügen und 2 Minuten leicht braten. Helle Sojasauce, Zucker und weißen Pfeffer hineinrühren, dann die Hühnerbrühe zugeben. 3 bis 5 Minuten kochen lassen. Den Grünkohl hinzufügen und alles noch einmal 1 Minute kochen lassen. Die Maisstärke dazugeben und den Topfinhalt eine weitere Minute kochen, dann über die Nudeln gießen.

Dazu Schalen mit *phrik dong* (in Scheiben geschnittene frische rote Chilischote in Essig), Fischsauce, Zucker und Chilipulver reichen.

KAI PHAD MET MA MUANG

Gebratene Hühnerbrust mit Cashewkernen

Ein köstliches Gericht chinesischen Ursprungs, mit dem man leicht Gäste
beeindrucken kann.

•FÜR 4 PERSONEN•
300 g Hühnerbrustfilet, in Scheiben geschnitten
Mehl zum Wenden
200 ml Erdnuß- oder Maisöl
4 getrocknete rote Chillies, in 1 cm große Stücke geschnitten
1 EL gehackter Knoblauch
10 Frühlingszwiebeln, nur weiße Teile, in 5 cm große Stücke geschnitten
50 g ungesalzene geröstete Cashewkerne
50 g Zwiebeln, in Scheiben geschnitten
2 EL Austernsauce
1 EL helle Sojasauce
1 EL Zucker
$^1/_8$ TL dunkle Sojasauce

Die Hühnerbrust dünn mit Mehl überziehen. Das Öl in einer Pfanne
oder im Wok erhitzen und das Fleisch etwa 5 Minuten braten, bis es
leicht gebräunt ist. Fast das gesamte Öl aus der Pfanne gießen.

Chillies und Knoblauch zum Fleisch geben und 1 Minute braten. Alle
restlichen Zutaten hinzufügen und die Zutaten noch einmal etwa
3 Minuten braten, bis sie gar sind.

Mit Reis als Beilage servieren.

PRIAW WAAN KAI

Süßsaure Hühnerbrust

Dieses Gericht wird fast immer gern gegessen. Es ist nicht übermäßig gewürzt,
doch ein Löffel Fischsauce verleiht ihm Pfiff.

•FÜR 4 BIS 6 PERSONEN•
900 ml Erdnuß- oder Maisöl
400 g Hühnerbrustfilet, quer in 5 mm dicke Scheiben geschnitten
Mehl zum Wenden
1 mittelgroße Zwiebel, in Scheiben geschnitten
1 mittelgroße grüne Paprikaschote, in Streifen geschnitten
100 ml Tomatenketchup
100 g Tomatenviertel
50 g gewürfelte Ananas
100 ml Hühnerbrühe
2 TL helle Sojasauce
1 TL Zucker
1 TL heller Essig

Das Öl im Wok oder einer Pfanne erhitzen. Das Hühnerfleisch dünn
mit Mehl überziehen und etwa 5 Minuten braten, bis es leicht gebräunt
ist. Herausnehmen und auf Küchenpapier abtropfen lassen.

Das Öl bis auf 75 ml abgießen. Zwiebel und Paprika hinzufügen und
1 Minute garen. Das Ketchup untermischen, dann die übrigen Zutaten
dazugeben und 1 Minute unter Rühren braten. Das Fleisch hinzufügen
und alles etwa 2 Minuten weitergaren, bis die Zwiebel weich ist.

Mit Reis und *phrik nam plaa* (siehe Seite 25) als Beilage servieren.

KAI PHAD PHRIK

Gebratene Hühnerbrust mit grüner Paprika

• FÜR 4 PERSONEN •

50 ml Erdnuß- oder Maisöl

1 EL gehackter Knoblauch

300 g Hühnerbrustfilet, längs in 1 cm dicke Scheiben geschnitten

150 g in Streifen geschnittene grüne Paprikaschote

5 frische rote Chillies, längs in Streifen geschnitten

75 g in dicke Scheiben geschnittene Zwiebel

1 EL Austernsauce

$\frac{1}{2}$ EL helle Sojasauce

1 TL Fischsauce

$\frac{1}{4}$ TL dunkle Sojasauce

15 g Basilikum

Das Öl im Wok oder einer Pfanne erhitzen. Knoblauch und Hühnerbrust 1 Minute anbraten. Paprikaschote und Chillies untermischen, dann die Zwiebel dazugeben und 1 Minute braten. Die restlichen Zutaten nacheinander hineinrühren und jeweils etwa 30 Sekunden garen. Wenn das Basilikum untergerührt ist, den Wok sofort von der Kochstelle nehmen.

Mit Reis als Beilage servieren.

KAI PHAD KHING

Gebratenes Hühnerfleisch mit Ingwer

•FÜR 4 PERSONEN•

75 ml Erdnuß- oder Maisöl

1 EL gehackter Knoblauch

300 g Hühnerbrustfilet, in 5 mm dicke Scheiben geschnitten

25 g Wolkenohren oder frische kleine Champignons, in Scheiben geschnitten

4 Frühlingszwiebeln, in gut 2 cm große Stücke geschnitten

50 g Zwiebel, in Scheiben geschnitten

25 g Ingwerwurzel, in kleine Stifte geschnitten

3 frische rote Chillies, längs in jeweils 6 Streifen geschnitten

1 EL helle Sojasauce

2 TL Weinbrand

$^1/_2$ TL Zucker

$^1/_4$ TL Salz

Das Öl im Wok oder einer Pfanne erhitzen. Den Knoblauch hinzufügen und unter Rühren 1 Minute garen. Das Fleisch gut untermischen und 1 Minute braten, dann die Pilze hinzufügen. 1 Minute rühren und die restlichen Zutaten dazugeben. Unter Rühren 8 bis 10 Minuten braten, bis das Fleisch gar ist.

Mit Reis und *phrik nam plaa* (siehe Seite 25) als Beilage servieren.

KAI PHAD KAPHRAO

Gebratenes Hühnerfleisch mit Basilikum

•FÜR 4 PERSONEN•

8 frische grüne Chillies, grobgehackt

8 Knoblauchzehen, grobgehackt

50 ml Erdnuß- oder Maisöl

300 g Hühnerfleisch ohne Haut und Knochen, gehackt

2 frische rote Chillies, längs geviertelt

1 EL Austernsauce

$^1/_2$ TL Fischsauce

$^1/_4$ TL dunkle Sojasauce

20 g Basilikumblätter

Grüne Chillies und Knoblauch im Mörser oder Mixer pürieren. Das Öl im Wok oder einer Pfanne erhitzen. Die Chili-Knoblauch-Mischung hinzufügen und 1 Minute braten. Das Fleisch dazugeben und 1 Minute unter Rühren braten, dann rote Chillies, Austern-, Fisch- und Sojasauce dazugeben. 2 Minuten unter Rühren braten, Basilikum untermischen und sofort servieren.

Als Beilage Reis reichen.

KHAO NAA PED

Ente mit Reis

Beliebtes Gericht chinesischen Ursprungs mit zwei unterschiedlichen Saucen.

• FÜR 4 PERSONEN •

1 gebratene Ente, entbeint und in 1 x 7 cm große Scheiben geschnitten

750 g gegarter Reis

4 EL in dünne Scheiben geschnittener eingelegter Ingwer

4 EL in dünne Scheiben geschnittene süß eingelegte Dillgurke oder
Gewürzgurke

GEGARTE SAUCE

450 ml Hühnerbrühe

1 EL Zucker

$1/2$ EL helle Sojasauce

$1/4$ EL dunkle Sojasauce

1 TL Mehl

SOJA-CHILI-SAUCE

75 ml dunkle Sojasauce

3 frische rote Chillies, in dünne Scheiben geschnitten

1 EL Zucker

$1/2$ EL Essig

Die Zutaten für die gegarte Sauce in einem Topf erhitzen und 1 Minute kochen lassen. Zutaten für die ungegarte Sauce in einer Schüssel vermischen und beiseite stellen.

Ente und Reis im Backofen bei 180 °C 5 Minuten erhitzen. Den Reis auf vier Servierteller verteilen und das Entenfleisch darauflegen. Die gegarte Sauce darüberschöpfen, Ingwer und Gurke rundum arrangieren. Die Soja-Chili-Sauce dazureichen.

KAENG PED YANG

Rotes Enten-Curry

Dieses in Thailand sehr beliebte Gericht ist gehaltvoll und schmackhaft.

• FÜR 6 PERSONEN •

1,5 l dünne Kokosmilch

1 gebratene Ente, entbeint, aber mit Haut, in 1 cm dicke Scheiben
geschnitten

15 Kirschtomaten

5 frische große rote Chilischoten, längs in Streifen geschnitten

50 g Basilikumblätter

3 Kaffir-Limettenblätter, gehackt

3 EL Zucker

2 EL Fischsauce

1 TL Salz

ROTE CURRYPASTE

3 Stengel Zitronengras, in dünne Scheiben geschnitten

40 g gehackter Galgant (ka)

7 getrocknete rote Chillies, grobgehackt

3 EL gehackter Knoblauch

1 EL Garnelenpaste

1 TL gehacktes Kaffir-Limettenblatt

1 TL gehackte Korianderwurzel

1 TL weiße Pfefferkörner

1/2 TL Koriandersamen

Alle Zutaten für die Currypaste im Mörser oder Mixer zu einer feinen Paste verarbeiten.

Im Wok oder einem Topf 450 ml Kokosmilch erhitzen. Die Chilipaste hinzufügen und 5 Minuten garen. Die restliche Kokosmilch dazugießen, zum Kochen bringen und Entenfleisch, Kirschtomaten und rote Chillies hinzufügen. Den Topfinhalt wieder zum Kochen bringen, dann die restlichen Zutaten zugeben und 5 Minuten garen. Das Curry von der Kochstelle nehmen.

Mit Reis, in Salz eingelegten Eiern und luftgetrocknetem Rindfleisch als Beilage servieren.

Die Maisstärke in ein wenig Garflüssigkeit rühren, dann weitere 450 ml Garflüssigkeit untermischen. Die Mischung in einem kleinen Topf zum Kochen bringen und eindicken lassen, dann von der Kochstelle nehmen.

Die Zutaten für die Sauce vermischen. Die Lende aufschneiden und auf Serviertellern auf einem Bett aus heißem Reis anrichten. Die Maisstärkesauce darüberschöpfen, die *nam chim*-Sauce getrennt reichen.

Mit Gurkenscheiben, Frühlingszwiebeln, hartgekochten Eiern und Stücken fritiertem Schweinebauch als Beilage servieren.

MOO KRATHIAM PHRIK THAI

Gebratene Lende mit Knoblauch und Pfeffer

•FÜR 4 BIS 6 PERSONEN•
etwa 650 ml Erdnuß- oder Maisöl zum Braten
300 g Schweinelende, in 2 x 2,5 cm große und
0,5 cm dicke Stücke geschnitten
2 EL gehackter Knoblauch
2 TL schwarze Pfefferkörner, grob zerstoßen
1 TL helle Sojasauce
1 TL Salz
10 g gehackte Korianderblätter
2 frische rote Chillies, längs in Streifen geschnitten

Das Öl im Wok oder einem Topf auf 180 °C erhitzen. Die Lende 8 bis 10 Minuten fritieren, bis sie leicht gebräunt ist. Das Öl bis auf 100 ml abgießen, dann Knoblauch, Pfefferkörner, Sojasauce und Salz hinzufügen. Etwa 2 Minuten unter Rühren braten, bis der Knoblauch eine hellbraune Farbe hat.

Die Mischung mit dem Schaumlöffel herausheben, gut abtropfen lassen und auf einem Servierteller anrichten. Mit dem Koriander bestreuen und mit den Chillies garnieren.

Als Beilage Reis und in Scheiben geschnittene Gurke reichen.

KHAO MOO DAENG

Rotes Schweinefleisch mit Reis

Die rote Marinade dringt ein wenig in das Fleisch ein, so daß die aufgeschnittene Lende einen roten Rand hat. Sie schmeckt daher nicht nur gut, sondern sieht auch dekorativ aus.

•FÜR 6 PERSONEN•
300 g Schweinelende
900 ml Wasser
50 ml Tomatenmark
3 EL helle Sojasauce
3 EL Zucker
3 Tropfen rote Lebensmittelfarbe (nach Belieben)
1¹/₂ EL Maisstärke
350 g gegarter Reis, erhitzt
NAM CHIM-SAUCE
4 EL heller Essig
2 EL dunkle Sojasauce
1 frische rote Chilischote, in dünne Scheiben geschnitten
¹/₄ TL Zucker

Die Lende mit Wasser, Tomatenmark, Sojasauce, Zucker und Lebensmittelfarbe in einer Schüssel vermischen und 1 Stunde durchziehen lassen.

Das Fleisch mit der Marinade in einen Topf geben, zum Kochen bringen und 30 Minuten köcheln lassen. Herausnehmen und in eine ofenfeste Form legen. Im vorgeheizten Backofen bei 180 °C 10 Minuten braten, bis sie leicht gebräunt ist und glänzt. Die Garflüssigkeit aufbewahren.

PLAA JIAN

Gebratener Fisch mit Schweinebauch und Ingwer

Ein relativ einfaches Gericht für Plattfisch. Der Schweinebauch verleiht ihm viel Geschmack, aber es ist dennoch recht mild.

•FÜR 4 PERSONEN•

1 ganze Brasse (300 g schwer), gesäubert und ausgenommen
¹/₂ TL Salz
50 g in dünne Scheiben geschnittener Schweinebauch
2 in Salz eingelegte Pflaumen
40 g in Scheiben geschnittener Ingwer
10 kleine Knoblauchzehen, zerdrückt
50 g Staudensellerie mit Blättern, in gut 2 cm große Stücke geschnitten
4 Frühlingszwiebeln, in gut 2 cm große Stücke geschnitten
2 frische rote Chillies, längs in Streifen geschnitten

Den Fisch waschen und trockentupfen. Innen und außen mit Salz einreiben. Die Hälfte des Schweinebauchs auf einen hitzefesten Teller

geben, der in einen Dampfkochtopf paßt. Den Fisch darauflegen und mit dem restlichen Schweinebauch bedecken. Die Pflaumen grob hacken und zusammen mit Ingwer und Knoblauch darüberstreuen.

Den Fisch 15 Minuten dämpfen, dann Sellerie, Frühlingszwiebeln und Chillies hinzufügen und alles noch einmal 5 Minuten dämpfen, bis der Fisch gar, aber noch fest ist.

Mit Reis als Beilage servieren.

YAM PLAA DUK FOO

Pikanter Salat von fritiertem Fisch

Dieser Salat wird oft zu Drinks serviert und gehört damit zu einer wichtigen, charakteristischen Kategorie von Speisen in Thailand, wo man Getränke oft nicht zu den Hauptmahlzeiten reicht.

• FÜR 4 BIS 6 PERSONEN •

2 ganze Welse (jeweils 500 g schwer), gesäubert und ausgenommen
etwa 1,25 l Erdnuß- oder Maisöl zum Fritieren
1 grüne, unreife Mango, in kleine Stifte geschnitten
40 g ungesalzene geröstete Erdnüsse
7 frische kleine grüne Chillies, gehackt
3 EL in Scheiben geschnittene Schalotten
3 EL Fischsauce
2 EL in gut 2 cm große Stücke geschnittene Korianderblätter mit Stengeln

Die Fische 15 Minuten dämpfen, bis sie gut gegart sind. Haut und Gräten vollständig entfernen, das Fleisch fein hacken.

Das Öl im Wok oder einem Topf auf etwa 180 °C erhitzen, den gehackten Fisch hineingeben und 3 bis 5 Minuten fritieren, bis er leicht gebräunt ist. Mit dem Schaumlöffel herausheben und gut abtropfen lassen.

Die restlichen Zutaten mit Ausnahme des Korianders unter den Fisch mischen. Den Salat auf Tellern anrichten und mit Koriander garnieren.

Als Beilage Reis reichen.

KUNG SOM

Garnelen mit Zitrone und Kokosnuß

Zitrone, Kokosnuß und Garnelen sind ein wunderbares Trio. Das Gericht paßt auch gut zu Cocktails.

• FÜR 4 BIS 6 PERSONEN •

500 g rohe Garnelen, geschält
200 ml dünne Kokosmilch
2 EL Zitronensaft
$^1/_4$ TL Fischsauce
$^1/_4$ TL Zucker
$^1/_4$ TL Salz
2 EL in Scheiben geschnittene Schalotten
5 frische kleine grüne Chillies, in dünne Scheiben geschnitten

Die Garnelen längs fast ganz aufschneiden und aufklappen.

Die Kokosmilch in einem Topf zum Kochen bringen. Die Garnelen hinzufügen und 1 Minute garen, dann den Topf von der Kochstelle nehmen. Etwa 1 Minute stehen lassen, bis die Garnelen gerade gar sind. Mit dem Schaumlöffel herausheben und auf einem Servierteller anrichten.

Zitronensaft, Fischsauce, Zucker und Salz zu der Kokosmilch in den Topf geben und 1 Minute gut durchrühren, dann über die Garnelen schöpfen. Schalotten und Chillies darüberstreuen.

Als Beilage Reis servieren.

KUNG OP WOON SEN

Garnelentopf mit Glasnudeln

Die Größe der Garnelen ist hier unwichtig. Man kann kleine Garnelen verwenden, aber ebenso gut Hummerschwänze. Oder man bereitet dieses Gericht mit Krebsscheren zu.

•FÜR 6 PERSONEN•

2 Streifen Frühstücksspeck,
in gut 2 cm große Stücke geschnitten
6 große Garnelen, geschält
2 Korianderwurzeln, halbiert
25 g Ingwerwurzel, zerrieben oder feingehackt
25 g Knoblauch, gehackt
1 EL weiße Pfefferkörner, zerstoßen
450 g Glasnudeln (woon sen),
10 Minuten in kaltem Wasser eingeweicht
1 TL Butter
3 EL dunkle Sojasauce
10 g grobgehackte Korianderblätter mit Stengeln

BRÜHE
450 ml Hühnerbrühe
2 EL Austernsauce
2 EL dunkle Sojasauce
$^{1}/_{2}$ EL Sesamöl
1 TL Weinbrand oder Whisky
$^{1}/_{2}$ TL Zucker

Alle Zutaten für die Brühe in einem Topf zum Kochen bringen und 5 Minuten köcheln lassen. Zum Abkühlen beiseite stellen.

Den Speck auf den Boden einer Kasserolle oder eines schweren Topfes geben. Garnelen, Korianderwurzeln, Ingwer, Knoblauch und Pfefferkörner hineingeben. Die Nudeln daraufsetzen, dann Butter, Sojasauce und Brühe hinzufügen.

Die Mischung mit aufgelegtem Deckel zum Kochen bringen und 5 Minuten köcheln lassen. Sorgfältig durchheben, den Koriander hinzufügen und alles zugedeckt noch einmal etwa 5 Minuten köcheln lassen, bis die Garnelen gar sind. Vor dem Servieren überschüssige Brühe abgießen.

KWITIAOW NAM

Nudelsuppe

Diese Suppe, die vor allem tagsüber rasch zubereitet wird, ist chinesischen Ursprungs, doch in ganz Thailand beliebt – auf den Flüssen und Kanälen kann man auch heute noch in kleinen Booten *kwitiaow*-Verkäufer finden. Die Zutaten variieren von Ort zu Ort, Fischbällchen sind jedoch meistens dabei. Diese Version enthält drei Sorten Schweinefleisch.

•FÜR 4 PERSONEN•

200 g Schweinelende, in dünne Scheiben geschnitten
400 g schmale Reis-Bandnudeln (sen lek oder sen mii)
150 g Bohnensprossen
100 g Schweineleber, gekocht und in dünne Scheiben geschnitten
1 TL gehackter eingelegter Kohl
1,8 l Hühnerbrühe
12 Fischbällchen
50 g Schweinehackfleisch
1 Frühlingszwiebel, in 1 cm große Stücke geschnitten
2 EL in 1 cm große Stücke geschnittene Korianderblätter mit Stengeln
2 EL gehackter Knoblauch, in Öl goldbraun gebraten
¹/₂ TL gemahlener weißer Pfeffer

Die Schweinelende etwa 15 Minuten kochen, leicht abkühlen lassen und in 1 cm dicke Streifen schneiden. Beiseite stellen.

Nudeln und Bohnensprossen zusammen in kochendem Wasser 3 Minuten leicht garen, sie sollen aber nicht zu weich werden.

Abtropfen lassen und auf tiefe Suppenschalen verteilen, die Bohnensprossen auf den Boden geben. Schweinelende, Leber und eingelegten Kohl auf den Nudeln anrichten.

Die Hühnerbrühe zum Kochen bringen. Die Fischbällchen zugeben und 3 Minuten kochen. Mit dem Schaumlöffel herausheben und auf die Schalen verteilen.

Das Hackfleisch mit 300 ml Hühnerbrühe in einen kleinen Topf geben und 4 bis 5 Minuten sanft erhitzen, dabei sorgfältig rühren, bis es gar ist. Frühlingszwiebel, Koriander, Knoblauch und Pfeffer hinzufügen und die Mischung in die Schalen geben. Falls notwendig, noch etwas Hühnerbrühe dazugießen.

Fischsauce, Chilipulver, Zucker und *phrik dong* (in Scheiben geschnittene frische rote Chillies in Essig) in einzelnen Schalen als Beilage reichen. Nach Belieben der Suppe hinzufügen.

MEE KROB

Knusprige Nudeln

Dies ist die feine thailändische Version eines chinesischen Gerichtes, dessen Gelingen vollständig vom richtigen Braten der Nudeln abhängt – sie müssen beim Servieren knusprig und leicht sein.

•FÜR 4 BIS 6 PERSONEN•

etwa 1,25 l Erdnuß- oder Maisöl zum Fritieren
200 g mittelgroße rohe Garnelen, geschält und in 3 Stücke geschnitten
150 g Schweinelende, in gleichgroße Stücke wie Garnelen geschnitten
100 g fester Tofu, in kleine Rechtecke geschnitten
150 g dünne Reis-Bandnudeln (sen mii), falls getrocknet
1 Minute in kaltem Wasser einweichen und gut abtropfen lassen
¹/₂ EL gehackter Knoblauch
¹/₂ EL gehackte Zwiebel
40 g Palmzucker
2 EL heller Essig
1 EL eingelegte Sojabohnen
1 EL Fischsauce
150 g Bohnensprossen
3 Frühlingszwiebeln, in 4 cm große Stücke geschnitten
2 EL in Scheiben geschnittener eingelegter Knoblauch
2 frische rote Chillies, in sehr dünne Streifen geschnitten

Das Öl in einem Topf oder Wok erhitzen. Garnelen und Lende etwa 10 Minuten fritieren, bis sie gebräunt und durch sind. Mit dem Schaumlöffel herausnehmen und auf Küchenpapier abtropfen lassen.

Die Tofustücke in das heiße Öl geben und etwa 2 Minuten bräunen. Mit dem Schaumlöffel herausnehmen und auf Küchenpapier abtropfen

lassen. Die Nudeln in das heiße Öl geben und 4 bis 5 Minuten leicht bräunen. Herausnehmen und abtropfen lassen.

Das Öl bis auf 2 Eßlöffel aus dem Topf gießen. Knoblauch und Zwiebel in den Topf geben und 1 Minute behutsam braten, dann Lende, Garnelen, Tofu, Zucker, Essig, eingelegte Sojabohnen und Fischsauce zugeben. 7 bis 10 Minuten braten, bis die Mischung dick und klebrig ist.

Die Temperatur herunterschalten und die Nudeln dazugeben. 1 Minute durchrühren, dann auf einen großen Teller häufen. Bohnensprossen, Frühlingszwiebel, eingelegten Knoblauch und Chillies daraufgeben.

KHAO TOM KAI

Reissuppe mit Huhn

Das traditionelle thailändische Frühstück, lecker und nahrhaft. Man bereitet es auch mit Schweinehackfleisch zu, und nach Belieben kann kurz vor dem Servieren ein Ei direkt in die Schale geschlagen werden. Es wird in der heißen Brühe teilweise gegart.

•**FÜR 4 PERSONEN**•
1,25 l Hühnerbrühe
300 g Hühnerbrustfilet, quer in dünne Scheiben geschnitten
750 g gegarter Reis
1 EL gehackter eingelegter Kohl
1 TL Salz
1 TL gemahlener weißer Pfeffer
100 g in dünne Scheiben geschnittener Staudensellerie
2 Frühlingszwiebeln, in Scheiben geschnitten
50 g Knoblauchzehen, mit Schale gebraten, bis sie weich sind
75 g phrik dong (in Scheiben geschnittene rote Chillies mit Essig)
2 EL Fischsauce

Die Hühnerbrühe in einem Topf zum Kochen bringen. Hühnerbrust, Reis, Kohl, Salz und Pfeffer zugeben. Das Fleisch 8 bis 10 Minuten kochen, bis es gar ist. Sellerie und Frühlingszwiebel hinzufügen und den Topf sofort von der Kochstelle nehmen.

Die Suppe in Schalen gießen und mit dem gebratenen Knoblauch bestreuen. *Phrik dong* und Fischsauce in getrennten Schälchen dazureichen.

KHAO PHAD NAM PHRIK

Gebratener Reis mit pikanter Sauce

Dies ist eine pikantere und traditionellere Version des Rezeptes für *khao phad* auf Seite 43. *Nam phrik* verleiht dem Gericht Aroma und zusätzlichen Nährwert. Ein schmackhaftes Mittagessen.

• F Ü R   4   B I S   6   P E R S O N E N •
2 EL Erdnuß- oder Maisöl
750 g gegarter Reis
3 EL phrik nam plaa (siehe Seite 25)

Das Öl im Wok oder einem Topf erhitzen. Den Reis hinzufügen und 1 Minute unter Rühren braten. Die Sauce dazugeben, untermischen und 1 Minute mitgaren. Den Topf von der Kochstelle nehmen.

Mit in Salz eingelegten Eiern, Gurkenscheiben, Spiegelei und rohen Gemüsen als Beilage servieren.

KHAO OP SAPPAROD

Ananasreis

Ein Gericht für das Auge, das recht leicht zuzubereiten ist, aber stets eindrucksvoll aussieht. Obwohl die Ananas dem Reis auch Aroma verleiht, ist es ziemlich witzlos, ihm einfach Ananasstücke zuzugeben. Hier geht es um das Aussehen.

•FÜR 4 BIS 6 PERSONEN•

1 Ananas
4 EL Erdnuß- oder Maisöl
550 g gegarter Reis
75 g feingewürfelter Schinken
1/2 EL gehackter Knoblauch
50 g Rosinen

2 EL Hühnerbrühe
2 TL Currypulver
1 TL Zucker
1 TL Salz
1/4 TL gemahlener weißer Pfeffer

Die Ananas auf einer Längsseite aufschneiden und das Fleisch vorsichtig herauslösen, dann in kleine Würfel schneiden. Die Schale der Ananas aufbewahren.

Das Öl in einem Topf oder Wok erhitzen. Schinken und Knoblauch hinzufügen und unter Rühren braten. 75 g der gewürfelten Ananas sowie alle restlichen Zutaten dazugeben und gut vermischen. Die Mischung in die ausgehöhlte Ananas schöpfen, den Deckel auflegen und im vorgeheizten Backofen bei 150 °C 30 Minuten backen.

YAM MAKHEUA YAO

Salat von gerösteter Aubergine

•FÜR 6 PERSONEN•

3 lange grüne Auberginen, zusammen etwa 300 g schwer
25 g Schweinehackfleisch
3 EL Erdnuß- oder Maisöl
50 g getrocknete Garnelen, in heißem Wasser gewaschen und abgetropft
50 g Schalotten, in Scheiben geschnitten
5 frische kleine grüne Chillies, grobgehackt
2 EL Limettensaft

1 TL Fischsauce
$^1/_4$ TL Zucker

Die Auberginen bei 180 °C ohne Fett 15 bis 20 Minuten rösten, bis sie weich sind. Abkühlen lassen, schälen und in gut 2 cm große Stücke schneiden.

Das Hackfleisch in einer Pfanne oder dem Wok in wenig Öl bei starker Hitze etwa 10 Minuten braten, bis es gar ist. Aubergine, Fleisch, Garnelen und alle restlichen Zutaten in einer Schüssel sorgfältig vermischen.

Mit Reis als Beilage servieren.

PODIA SOD

Frische Frühlingsrollen

Für die Zubereitung braucht man etwas Zeit, aber das Ergebnis ist köstlich und eine angenehme Abwechslung zu den fritierten fettigen Frühlingsrollen.

•F Ü R 4 B I S 6 P E R S O N E N•

2 milde chinesische Würste, zusammen etwa 100 g schwer

200 g fester Tofu

200 g Krebsfleisch

2 EL Erdnuß- oder Maisöl

2 Eier, verquirlt

100 g Salatgurke

8 bis 10 Teigblätter für Frühlingsrollen (oder Crepes – ein Standardrezept verwenden und 1 EL Maisstärke hinzufügen)

300 g Bohnensprossen, kurz blanchiert

200 g Frühlingszwiebeln

S A U C E

225 ml Hühnerbrühe

50 g Palmzucker

50 ml Tamarindensaft

1 EL Maisstärke

Die Würste etwa 8 Minuten dämpfen, dann den Tofu etwa 3 Minuten. Herausnehmen und beides in lange Stücke mit Stiftdicke und etwa

10 cm Länge schneiden. Das Krebsfleisch 5 Minuten dämpfen und beiseite stellen.

Eine beschichtete Pfanne bei mittlerer Temperatur erhitzen. Sehr wenig Öl hineingeben und gerade soviel Ei, daß der Boden bedeckt ist. Auf jeder Seite 1 Minute backen. Auf diese Weise 8 bis 12 hauchdünne Omelettes herstellen. Zusammenrollen und in Stücke der gleichen Länge wie Würste und Tofu schneiden. Gurke und Frühlingszwiebeln ebenfalls in Stücke dieser Größe schneiden.

Die Teigblätter oder Crepes flach hinlegen und je ein Stück Tofu, Wurst, Gurke und Frühlingszwiebeln daraufsetzen. 1 Teelöffel Krebsfleisch, mehrere Streifen Ei und einige Bohnensprossen hinzufügen. Vorsichtig aufrollen und in jeweils drei Stücke schneiden.

Alle Zutaten für die Sauce mit Ausnahme der Maisstärke in einen Topf geben und 5 Minuten kochen lassen. Die mit ein wenig Wasser angerührte Maisstärke hinzufügen. Die Sauce 1 Minute kochen lassen, dann von der Kochstelle nehmen.

Die Frühlingsrollen kalt servieren oder 1 bis 2 Minuten dämpfen. Vor dem Servieren noch etwas Krebsfleisch, 1 Teelöffel Sauce und, falls gewünscht, weitere gehackte Frühlingszwiebel darübergeben. Die restliche Sauce dazureichen.

Zum Garnieren eignen sich dekorativ aufgeschnittene Frühlingszwiebeln.

PHAK BUNG FAI DAENG

Pfannengerührtes Grüngemüse

Es gibt in Thailand kaum ein anderes Gericht, das sich so rasch zubereiten läßt. Man verwendet dafür eine Wasserpflanze, sogenannten Wasserspinat. Da dieses Gericht ursprünglich aus China stammt, suchen Sie sie am besten in einem chinesischen Lebensmittelladen – oder verwenden Sie als Ersatz Spinat. In der Stadt Phitsanulok haben einige Restaurants eine besondere Methode entwickelt, sie zu servieren: Der Koch wirft dort das Gemüse hoch in die Luft und hinüber zur anderen Straßenseite, wo der Kellner es geschickt mit einem Teller auffängt – das ist wirklich wahr!

•FÜR 4 BIS 6 PERSONEN•
3 EL Erdnuß- oder Maisöl
300 g Wasserspinat mit Stielen, in 10 cm große Stücke geschnitten
100 ml Hühnerbrühe

2 EL eingelegte Sojabohnen
1 EL gehackter Knoblauch

Das Öl im Wok oder einem Topf sehr heiß werden lassen. Alle Zutaten gleichzeitig hineingeben (Achtung, das spritzt) und unter Rühren etwa 2 Minuten braten.

Mit *khao tom* (Seite 57) oder gedämpftem Reis als Beilage servieren.

PHAK PHAD RUAM MIT

Pfannengerührtes Mischgemüse

•FÜR 4 PERSONEN•

50 g Zuckererbsenschoten
50 g Grünkohl, in Streifen geschnitten
50 g Weißkohl, in Streifen geschnitten
50 g Brokkoli, in Röschen zerteilt
50 g Blumenkohlröschen
50 g Spargel, in 5 cm lange Stücke geschnitten
50 g Chinakohl oder pak choi, in Streifen geschnitten
50 g kleine Champignons, halbiert
50 g frische junge Maiskölbchen, halbiert
100 ml Hühnerbrühe
¹/₂ TL gemahlener weißer Pfeffer
50 ml Erdnuß- oder Maisöl

3 EL feingehackter Knoblauch
4 EL Austernsauce
1 EL helle Sojasauce
¹/₄ TL dunkle Sojasauce

Alle Gemüse zusammen in einer Schüssel vermengen, die Brühe darübergießen und den weißen Pfeffer hinzufügen.

Den Wok oder einen Topf erhitzen und das Öl hineingießen. Wenn es heiß ist, den Knoblauch anbraten. Gemüse mit der Brühe dazugeben (Achtung, es spritzt) und 3 bis 4 Minuten unter Rühren braten, bis die Gemüse fast gar, aber immer noch knackig sind.

Austernsauce und beide Sojasaucen hinzufügen. Das Gemüse noch ein mal 1 Minute durchrühren, dann servieren.

Mit Reis als Beilage servieren. Das Gemüse paßt zu fast allen Gerichten.

KAI YAD SAI

Gefülltes Omelette

Dies ist ein rasch zubereitetes Mittagsgericht, das man auf Märkten oder an Straßenständen eher bekommt als in Restaurants.

•FÜR 4 PERSONEN•

50 ml Erdnuß- oder Maisöl

50 g Schweinehackfleisch

3 EL feingewürfelte Tomaten

3 EL Erbsen

2 EL feingewürfelte grüne Paprikaschote

2 EL feingewürfelte Zwiebel

½ EL Zucker

1 TL Fischsauce

¼ TL gemahlener weißer Pfeffer

¼ TL dunkle Sojasauce

3 Eier, verquirlt

3 EL Korianderblätter und

in dünne Scheiben geschnittene

rote Chilischote zum Garnieren

Die Hälfte des Öls in einer Pfanne oder im Wok bei hoher Temperatur erhitzen und das Fleisch darin etwa 2 Minuten leicht braten. Alle übrigen Zutaten mit Ausnahme der Eier und des restlichen Öls hinzufügen. 5 bis 8 Minuten braten, bis die Mischung recht dick ist, dann beiseite stellen.

Ein wenig vom restlichen Öl in eine flache beschichtete Pfanne geben und soviel Ei hinzufügen, daß der Boden dünn bedeckt ist. Das Omelette auf beiden Seiten leicht bräunen, zwischendurch einmal wenden. Einen Löffel Füllung in die Mitte setzen, zwei gegenüberliegende Seiten zur Mitte umklappen, dann die beiden anderen Seiten, so daß ein Quadrat entsteht.

Auf einen Servierteller gleiten lassen. Ei und Füllung auf diese Weise aufbrauchen. Die Omelettes mit Korianderblättern und roter Chilischote garnieren.

Als Beilage Reis reichen.

LOOK CHOOP

Falsche Früchte

Dieses raffinierte Rezept wurde am Hof erfunden und ursprünglich nur im königlichen Palast serviert. Bis heute hat es keine große Verbreitung gefunden, denn es sind Zeit und Geschick notwendig, um diese kleinen Früchte zu formen. Sie eignen sich großartig zum Bewirten von Gästen, wagen Sie sich aber nur an einem Tag daran, an dem Sie viel Zeit haben.

•FÜR 6 BIS 8 PERSONEN•

350 g getrocknete Mungbohnen
450 ml Wasser
200 ml dünne Kokosmilch
150 g plus 1 EL Zucker
Lebensmittelfarben
200 ml Wasser
2 EL Agar-Agar oder Gelatine

Die Mungbohnen in einem Topf mit Wasser etwa 15 Minuten dämpfen, bis sie weich sind, dann im Mörser oder Mixer zu einer feinen Paste pürieren. Mit der Kokosmilch und 175 g Zucker in einen Topf geben und langsam unter ständigem Rühren erhitzen. Wenn die Mischung nach etwa 15 Minuten sehr dick ist, den Topf von der Kochstelle nehmen. Abkühlen lassen.

Aus der abgekühlten Masse Obst und Gemüse – Orangen, Bananen usw. – in Größe eines Fingergliedes formen. Mit Zahnstochern auf ein Stück Schaumstoff stecken. Die Früchte mit einem kleinen Pinsel und Lebensmittelfarben bemalen.

Das Wasser erhitzen und in ihm 1 EL Zucker und das Agar-Agar auflösen. Die Mischung ein wenig abkühlen lassen, dann die bemalten Früchte hineintauchen. Wieder auf den Schaumstoff stecken und 15 Minuten trocknen lassen. Noch einmal in die Flüssigkeit tauchen und nach dem Herausnehmen langsam drehen, um sie gleichmäßig mit dem Sirup zu überziehen. Den Überzug hart werden lassen, dann die Früchte mit (ungiftigen) kleinen Blättern verzieren.

Als besonderes Dessert servieren.

DER SÜDEN

Südlich von Bangkok verengt sich das Land rasch zu einem schmalen Landstreifen von kaum mehr als 25 km Breite. Mit dem Golf von Thailand auf der einen, und Birma und der Andamanen-See auf der anderen Seite bildet diese Region die Landenge von Kra, die Thailand mit der Halbinsel Malakka verbindet.

Die Verbindung ist nicht nur geografischer Natur. Die meisten Menschen im Westen assoziieren mit Thailand buddhistische Tempel; das kulturelle Bild des Südens ist aber eindeutig malaiisch und muslimisch geprägt. Südlich der zwei größten Touristenzentren – der Insel Phuket an der Westküste und Hat Yai im Osten – grenzt Thailand an Malaysia an, und so wird auch die Küche des Südens stark von malaiischen Vorlieben beeinflußt.

Die Malaien wiederum haben viel aus dem arabischen Kulturkreis übernommen, und das erste und auffälligste Zeichen für Besucher ist der Muezzin, dessen Stimme über Städte und Dörfer ertönt und die Gläubigen zum Gebet ruft, doch auch einige Gerichte erinnern an den Nahen und Mittleren Osten: *roti, kaeng kari* und muslimisches Curry, beinahe nach nordindischer Manier gewürzt und zubereitet.

Wie weiter oben am Golf bestimmt das Meer die traditionelle Lebensweise des Südens und liefert einen beträchtlichen Teil der Nahrung. Hier gibt es jedoch zwei Meere, in denen sehr unterschiedliche Fänge gemacht werden. Auch Kokospalmen prägen den Charakter der Landschaft, und an begünstigten Plätzen säumen sie lange, weiße Sandstrände. Sie bilden die Basis für eine blühende und bedeutende Kopraindustrie und sind auch Bestandteil verschiedener Gerichte. In der Küche des Südens benutzt man nicht weniger Chillies als im übrigen Thailand, doch die Kokosmilch nimmt ihnen etwas von ihrem Feuer.

LINKS *Blick von Phuket auf das Meer.*

RECHTS *Einholen der Netze bei Koh Samui.*

UNTEN *Ein Fischerboot ist nach einer Nacht auf dem Meer heimgekehrt.*

KAENG KARII KAI

Gelbes Hühnercurry

Indisch beeinflußtes Curry, das in Thailand sehr beliebt ist.

•FÜR 6 PERSONEN•
1,25 l dünne Kokosmilch
450 g Hühnerfleisch, in mittelgroße Stücke geschnitten
200 g Kartoffeln, geschält und in 1 cm große Würfel geschnitten
2 TL Salz
3 EL in Scheiben geschnittene Schalotten, hellbraun gebraten
GELBE CURRYPASTE
5 getrocknete rote Chillies, gehackt
10 kleine Knoblauchzehen, gehackt
1/2 Stengel Zitronengras, fein geschnitten
1/2 EL in Scheiben geschnittene Schalotte
2 TL Currypulver
1 TL in Scheiben geschnittener Ingwer
1 TL in Scheiben geschnittener Galgant (ka)
1 TL Garnelenpaste
1 TL Salz
1/2 TL Koriandersamen
1/2 TL Fenchelsamen

Alle Zutaten für die Currypaste im Mörser oder Mixer zu einer feinen Paste verarbeiten.

Im Wok oder einem Topf 250 ml Kokosmilch erhitzen und die Currypaste darin 5 Minuten garen. Die restliche Kokosmilch dazugeben und zum Kochen bringen. Das Hühnerfleisch hinzufügen und etwa 10 Minuten garen, bis es weich ist. Kartoffeln und Salz zugeben und die Kartoffeln etwa 10 Minuten garen. Das Curry auf vier Suppenschalen verteilen und mit den gebratenen Schalotten bestreuen.

Mit *ajaad*-Salat (siehe Seite 73), in Scheiben geschnittenem eingelegten Ingwer und Reis aus Beilage servieren.

PANAENG NEUA

Kokos-Rindfleisch-Curry

Dieses Curry enthält relativ wenig Flüssigkeit und ist meist recht feurig.

•FÜR 8 PERSONEN•
50 ml Erdnuß- oder Maisöl
300 g Rinderlende, in 1 x 2 x 3 cm große Stücke geschnitten
650 ml dünne Kokosmilch
1 EL Fischsauce
2 TL Zucker
2 frische rote Chillies, in Streifen geschnitten
2 Kaffir-Limettenblätter, in feine Streifen geschnitten
20 g Basilikumblätter
CURRYPASTE
6 getrocknete rote Chillies, grobgehackt
7 weiße Pfefferkörner
50 g Knoblauch, grobgehackt
25 g Schalotten, grobgehackt
2 Korianderwurzeln, grobgehackt
2 TL Salz
1 TL gehackter Galgant (ka)
1 TL grobgehacktes Zitronengras
1 TL grobgehackte Limettenschale
1 TL Garnelenpaste

Die Zutaten für die Currypaste im Mörser oder Mixer pürieren.

Das Öl in einem Topf oder Wok erhitzen und die Currypaste 3 bis 4 Minuten braten. Das Fleisch hinzufügen und 2 Minuten braten, dann die Kokosmilch dazugeben und etwa 15 Minuten kochen lassen, bis das Fleisch weich ist. Fischsauce, Zucker und Chillies hinzufügen. Den Topf von der Kochstelle nehmen. Das Curry auf einer Servierplatte anrichten und mit Limettenschale und Basilikum bestreuen.

Mit Reis als Beilage servieren.

KAENG MUSSAMAN

Muslimisches Curry

Dieses Curry stammt aus Indien, wie die Zutaten Kardamom, Nelken und Zimt bereits vermuten lassen, und wurde dem thailändischen Geschmack angepaßt. Man kann es auch mit Huhn und Rindfleisch zubereiten, aber niemals mit Schweinefleisch.

• FÜR 6 PERSONEN •

5 Kardamomsamen

1 Zimtstange

1,25 l dünne Kokosmilch

500 g Rindfleisch (Lende oder Schmorfleisch) oder Huhn, in 2 cm große Würfel geschnitten

200 g Kartoffeln, geschält und in 2 cm große Würfel geschnitten

50 g ungesalzene Erdnüsse

10 Schalotten

3 Lorbeerblätter

3 EL Palmzucker

3 EL Fischsauce

3 EL Tamarindensauce

CHILIPASTE

50 g Schalotten, gehackt

10 kleine Knoblauchzehen, grobgehackt

6 getrocknete rote Chillies, entkernt und grobgehackt

5 weiße Pfefferkörner

1 EL gehacktes Zitronengras

1 TL Salz

1 TL gehackter Galgant (ka)

1 TL Fenchelsamen

1 TL Garnelenpaste

$^1/_2$ TL Nelken

Alle Zutaten für die Chilipaste vermischen und ohne Fett in einer Pfanne rösten, bis sie duften. Dann im Mörser oder Mixer zu einer feinen Paste verarbeiten. Beiseite stellen.

Kardamom und Zimtstange 8 Minuten ohne Fett in der Pfanne oder bei 180 °C im Backofen rösten, bis sie duften.

Die Chilipaste mit 450 ml Kokosmilch im Wok oder einem Topf erhitzen und etwa 5 Minuten garen. Das Fleisch zufügen und 8 bis 10 Minuten garen, bis es durch ist. Die restliche Kokosmilch dazugeben. Den Topfinhalt zum Kochen bringen und 10 Minuten leicht köcheln lassen. Alle verbliebenen Zutaten hinzufügen und etwa 15 Minuten garen, bis Kartoffeln und Fleisch weich sind.

Mit in Scheiben geschnittenem eingelegtem Ingwer, eingelegten Gemüsen und Reis als Beilage servieren.

KAENG SOM

Saure Currysuppe

Eine köstliche Suppe mit viel Gemüse. Der Fisch wird mit Gräten gegart, um den Geschmack zu intensivieren.

•FÜR 4 PERSONEN•

1 ganzer Süßwasserfisch (400 g schwer), gesäubert und ausgenommen

1,25 l Wasser

50 g Salatgurke, geviertelt und längs in Scheiben geschnitten

50 g grüne Bohnen, in 5 cm lange Stücke geschnitten

50 g Wasserspinat, in 5 cm große Stücke geschnitten

50 g Chinakohl oder pak choi, in 5 cm große Stücke geschnitten

3 EL Tamarindensaft

2 EL Fischsauce

2 TL Zitronensaft

1 TL Palmzucker

CHILIPASTE

8 getrocknete rote Chillies, gehackt

50 g Schalotten, gehackt

1 EL gehackter Krachai

1 EL Salz

$^1/_2$ TL Garnelenpaste

Den Fisch in 4 cm lange Stücke schneiden. 150 g in Wasser garen. Mit dem Schaumlöffel herausheben und abkühlen lassen. (Das Wasser weggießen). Alle Gräten entfernen, aber nicht die Haut.

Die Zutaten für die Chilipaste im Mörser oder Mixer pürieren. Gegarte Fischstücke untermischen und ebenfalls pürieren.

Die Fisch-Chili-Paste in einen Topf oder Wok geben, in dem alle Zutaten Platz haben werden. 1,25 l Wasser hinzufügen und zum Kochen bringen. Den restlichen Fisch dazugeben und 2 Minuten kochen, dann Gurke, Bohnen, Wasserspinat und Chinakohl hinzufügen. Den Topfinhalt wieder zum Kochen bringen, die restlichen Zutaten dazugeben und 10 Minuten köcheln lassen.

Mit Reis, luftgetrocknetem Rindfleisch oder gesalzenem Trockenfisch und eingelegtem Gemüse servieren.

KAENG PHRIK

Chili-Curry aus dem Süden

Wie die meisten *nam phriks* wird dieses dicke, pikante Curry mit gedämpftem Reis gegessen. Lassen Sie sich von seiner Einfachheit nicht täuschen: Es ist ein schmackhaftes, sättigendes Gericht.

•FÜR 4 PERSONEN•
550 ml Wasser
250 g Schweinelende, in 0,5 x 2 x 3 cm große Stücke geschnitten
3 EL Fischsauce
1 TL Currypulver
3 Kaffir-Limettenblätter, in Viertel zerzupft
CHILIPASTE
8 bis 10 getrocknete kleine grüne und rote Chillies, gehackt
6 weiße Pfefferkörner
2 EL in Scheiben geschnittene Schalotten
1 EL in Scheiben geschnittener Knoblauch
1 TL in Scheiben geschnittener Galgant (ka)
1 TL Garnelenpaste
$^{1}/_{4}$ Stengel Zitronengras, fein geschnitten

Alle Zutaten für die Chilipaste im Mörser oder Mixer zu einer feinen Paste verarbeiten.

Das Wasser in einem Topf oder Wok zum Kochen bringen. Die Chilipaste hinzufügen und kurz kochen lassen, dann Fleisch, Fischsauce, Currypulver und Limettenblatt dazugeben. 10 Minuten kochen lassen.

Das Curry in Schalen füllen und mit Reis als Beilage servieren.

NAM PHRIK JON

Gemüsedip aus dem Süden

•FÜR 4 PERSONEN•
100 g große rohe Garnelen, geschält und in 3 Stücke geschnitten
2 EL Fischsauce
2 EL Zitronen- oder Limettensaft
1 EL gehackte frische kleine grüne Chillies
1 EL in Scheiben geschnittene Schalotte
1$^{1}/_{2}$ TL Garnelenpaste

Die Garnelen 2 Minuten in wenig Wasser garen und abtropfen lassen. In eine Schüssel geben und sorgfältig mit den restlichen Zutaten, ausgenommen die Garnelenpaste, vermischen.

Die Garnelenpaste in Alufolie wickeln und 5 Minuten bei 180 °C im Backofen rösten oder 3 Minuten ohne Fett im heißen Wok.

Herausnehmen und unter die Garnelenmischung rühren.

Mit grünen Bohnen, Limabohnen, rohem Kohl und Reis als Beilage servieren.

KHAO YAM

Reissalat

Dies ist noch ein Gericht, das mit übriggebliebenem Reis zubereitet wird – die Variante des Südens.

•FÜR 4 BIS 6 PERSONEN•
350 g gegarter Reis
200 g Kokosraspeln, bei 180 °C im Backofen 5 bis 8 Minuten gebräunt
1 kleine Pomelo oder Grapefruit, in schmale Stücke geschnitten
50 g getrocknete Garnelen, gehackt
25 g Bohnensprossen
50 g in dünne Scheiben geschnittenes Zitronengras
50 g in kleine Stücke geschnittene grüne Bohnen
2 getrocknete rote Chillies, zerrieben
1 EL in dünne Streifen geschnittenes Kaffir-Limettenblatt
SAUCE
200 ml Wasser
2 EL gehackte Sardellen
1 EL Palmzucker
2 Blätter von Kaffir-Limetten, in kleine Stücke zerzupft
$^{1}/_{4}$ TL fein geschnittenes Zitronengras

Alle Zutaten für die Sauce in einen Topf geben und 5 Minuten kochen lassen. Von der Kochstelle nehmen und durch ein Sieb gießen. Beiseite stellen.

Den Reis in Förmchen mit etwa 100 ml Fassungsvermögen geben, andrücken und auf eine große Servierplatte stürzen. Die restlichen rohen Zutaten in einzelnen Häufchen um den Reis arrangieren. Zum Essen ein wenig Reis auf Portionsteller geben und von jeder Zutat nach eigenem Belieben etwas untermischen. Die Sauce darüberschöpfen.

PHAD SATOR

Gebratene Bohnen mit Schweinefleisch

Wie unten beschrieben, kann man anstelle der *sator*-Bohnen auch frische Limabohnen verwenden, aber eigentlich gehören erstere in dieses so typische Gericht des Südens. Das Rezept wurde hier der Vollständigkeit halber aufgenommen und auch für den Fall, daß Sie in einem thailändischen Lebensmittelgeschäft vielleicht doch echte *sator*-Bohnen finden.

•FÜR 4 PERSONEN•

3 frische gelbe oder grüne Chillies, gehackt

1 EL gehackter Knoblauch

¹/₂ TL Garnelenpaste

2 EL Erdnuß- oder Maisöl

150 g Schweinelende (bzw. Hühnerfleisch oder Garnelen),
in dünne Streifen geschnitten

350 g frische sator-Bohnen oder Limabohnen

¹/₂ TL Fischsauce

¹/₂ TL Zucker

¹/₂ TL Limetten- oder Zitronensaft

Chillies und Knoblauch im Mörser oder Mixer zu einer feinen Paste verarbeiten. Mit der Garnelenpaste vermischen.

Das Öl in einem Topf oder Wok erhitzen. Die Chili-Knoblauch-Mischung hinzufügen, dann das Schweinefleisch dazugeben und 3 Minuten unter Rühren braten. Die Bohnen und alle übrigen Zutaten hinfügen, bei Verwendung von Limabohnen zudem 3 Eßlöffel Wasser. Etwa 10 Minuten braten, bis die Bohnen gar sind – sie sollten aber recht fest sein.

Mit Reis als Beilage servieren.

MOO SATEI

Schweinefleisch-Satei

Heute wird Satei in ganz Thailand gern gegessen und an vielen Marktständen angeboten, doch es kam einmal von Indonesien über Malaysia in den Süden. Satei kann mit Schweinefleisch, Huhn oder Rindfleisch zubereitet werden oder, wie hier, mit allen drei Fleischsorten.

•FÜR 4 BIS 6 PERSONEN•

450 g Schweinelende, in 0,5 x 2 x 7,5 cm große Stücke geschnitten

300 ml dünne Kokosmilch

5 Kaffir-Limettenblätter, grobgehackt

5 Korianderwurzeln, zerdrückt

2 Stengel Zitronengras, grobgehackt

1 EL Currypulver

1 TL Palmzucker

¹/₂ TL Salz

SATEI-SAUCE

50 g getrocknete gelbe Mungbohnen

1,25 l dünne Kokosmilch

150 g ungesalzene geröstete Erdnüsse,
sehr fein gehackt

100 g Chilipaste (siehe kaeng mussaman, Seite 69)

50 g Chilipaste (siehe kaeng ped yang, Seite 50)

3 EL Palmzucker

2 TL Tamarindensaft

1 TL Salz

AJAAD-SALAT
450 ml heller Essig
50 g Zucker
1 TL Salz
1 kleine Salatgurke, geviertelt und längs in Scheiben geschnitten
50 g in Scheiben geschnittene Schalotten
2 frische rote Chillies, in dünne Scheiben geschnitten

Das Fleisch mit Kokosmilch, Limettenblättern, Korianderwurzeln, Zitronengras, Currypulver, Palmzucker und Salz vermischen und 3 bis 4 Stunden durchziehen lassen. Dann die Stücke auf Holz- oder Metallspießchen stecken und grillen, am besten über Holzkohle.

Während das Fleisch mariniert wird, die Mungbohnen 1 Stunde in Wasser einweichen, dann abtropfen lassen und etwa 20 Minuten dämpfen, bis sie weich sind. Zerdrücken oder in der Küchenmaschine pürieren.

Nun die Satei-Sauce zubereiten. Alle Zutaten vermischen und 5 Minuten in einem Topf oder Wok kochen. Von der Kochstelle nehmen und abkühlen lassen.

Für den Salat Essig, Zucker und Salz in einen Topf geben und auf etwa 200 ml einkochen lassen. Zum Abkühlen beiseite stellen, dann mit Salatgurke, Schalotten und Chillies vermischen.

Die Fleischspießchen mit Satei-Sauce und Salat sowie getoastetem Brot zum Aufwischen der Sauce servieren.

ROTI

Fladenbrot

Wie der Name bereits vermuten läßt, entstammt dieses Brot der Verbindung Thailands mit Indien. Brot ist untypisch für die thailändische Küche, und *roti* wird, wie hier, hauptsächlich als Snack zum Dessert verwendet.

•ERGIBT 7 ODER 8 STÜCK•
etwa 175 g Mehl
50 ml Wasser
1 EL weiche Butter
1 Ei
¼ TL Salz
etwa 200 ml Erdnuß- oder Maisöl

Alle Zutaten mit Ausnahme des Öls sorgfältig in einer Schüssel vermischen. Wenn die Mischung zu feucht ist, um sich formen zu lassen, etwas mehr Mehl zugeben. Aus dem Teig limettengroße Kugeln formen und aus ihnen 10 cm große Fladen herstellen, indem sie auf die leicht bemehlte Arbeitsfläche geschlagen werden – Achtung, sie müssen möglichst gerade aufkommen.

Den Boden einer Pfanne mit Öl überziehen. Das Öl bei mittlerer Temperatur erhitzen. Die Teigfladen in der Pfanne auf jeder Seite 3 bis 4 Minuten backen, bis sie leicht gebräunt sind. Auf Küchenpapier abtropfen lassen.

Drei köstliche Arten, *roti* zu servieren: 1. Auf jeden gebackenen Fladen ein Ei geben und den Fladen umdrehen, um das Ei zu garen. Die Fladen aufrollen und verzehren (vielleicht mit Kaffee!). 2. Mit Zucker bestreuen und mit Kondensmilch beträufeln. 3. Mit Butter bestreichen.

DER NORDEN

Heute fliegen die meisten Reisenden, die den Norden besuchen, direkt nach Chiang Mai – auf dem Luftweg weniger als eine Stunde von der Hauptstadt entfernt. Die angenehmere und entspannendere Reise macht man jedoch immer noch mit der Bahn. Von Bangkoks Hauptbahnhof rattert der Zug am frühen Abend heraus aus der Stadt und durch die Nacht, vorbei an Ayutthaya, Nakhon Sawan und Phitsanulok, wobei er volle 14 Stunden braucht, bis er die Hauptstadt des Nordens erreicht.

Nordthailand war bis in die Anfänge dieses Jahrhunderts praktisch vom Rest des Landes isoliert. Abgeschnitten durch dichte Wälder und die Stromschnellen des Ping, blieb der Norden ein quasi unabhängiges Königreich, bis er 1877 unter die direkte Verwaltung Bangkoks kam. Doch erst mit dem Bau der Eisenbahn im Jahre 1921 entstand eine bequeme Reiseroute nach Chiang Mai.

König Mengrai, der das Königreich Lanna Thai, wie die sieben nördlichen Provinzen bis heute genannt werden, schuf, war ein Zeitgenosse von König Ramkamhaeng, dem Begründer Siams. Es überrascht nicht, daß der Norden immer noch ein Gefühl von kultureller Identität bewahrt, die ihn vom Rest des Landes unterscheidet. Dies ist ein Land mit kühlen Wintern, Bergketten, die kleine fruchtbare Täler trennen, hellhäutigen, eher chinesisch anmutenden Menschen, die einen ausgeprägten Dialekt sprechen, und natürlich einer sehr eigenen regionalen Küche.

kamen und sich hier im 13. Jahrhundert in großer Zahl ansiedelten. Marco Polo, der im 13. Jahrhundert in Yunnan war, beschrieb eine Eßsitte, die wie das Urrezept für Tatar klingt: »Sie hacken es (das Fleisch) klein, legen es in Knoblauchsauce und essen es sofort.« Und tatsächlich ist mit Gewürzen zubereitetes Hackfleisch – *laab* genannt – das roh gegessen und mit einem Spritzer Galle aromatisiert wird, immer noch eines der berühmten Gerichte des Nordens.

Nun mag Galle einem Menschen im Westen seltsam – ja widerwärtig – erscheinen, doch einen Anflug von Bitterkeit findet man bei einer Reihe von Gerichten Nordthailands. Man verwendet dafür eine verblüffende Vielfalt von Blättern, die in Wäldern und Wiesen gesammelt werden. Die echte Küche des Nordens erlebt man in den Dörfern, und die reichliche Verwendung von Wildkräutern und anderen Wildpflanzen ist für sie typisch. Dies macht aber auch das Nachkochen schwer. Frische, rohe Gemüse sind ein wichtiges Element auf einem Eßtisch des Nordens, und je mehr interessante Aromen man kombinieren kann, desto besser. Selbst wenn dies bedeutet, Kräuter und Blätter zu verwenden, die nicht in Thailand heimisch sind, so glaube ich doch, daß man dem Geist dieser regionalen Küche mit dem Ernten selbstgezogener Gemüse am besten gerecht wird. Rauke beispielsweise hat den scharfen Geschmack, der mir ein guter Ersatz zum Garnieren etwa eines nordthailändischen *laab* erscheint.

GEGENÜBER
Beim Reisdreschen.

LINKS *Vor der Reisaussaat wird bei Festen für Regen und eine gute Ernte gebetet.*

RECHTS *Die üppigen grünen Felder bedeuten nicht nur für die Menschen im Land Nahrung.*

Unglücklicherweise besteht für viele ausländische Besucher ihre erste und oft einzige Begegnung mit der Küche Nordthailands in den stark beworbenen »Khan Toke«-Essen, eine Erfindung der Fremdenindustrie, die mit der echten Küche des Nordens nichts gemein hat. Die Küche des Nordens ist kräftig, voll deftiger ländlicher Aromen und kein bißchen raffiniert. Sie ist der genaue Gegensatz zu den Restaurants in Bangkok, wo feine Speisen nach Art der Palastküche serviert werden.

Es gibt eine Reihe von Dingen, die die Küche des Nordens anders macht. Hier wachsen keine Kokospalmen mehr, und Kokosmilch spielt eine unbedeutende Rolle. Die Currys sind daher nicht milchig und dick, sondern klar und würzig. Das traditionelle Grundnahrungsmittel ist *khao niaow*, Klebreis, und vor dem Verzehr formt man ihn zu einem kleinen Löffel, mit dem man Dips und Hackfleisch schöpft. Interessanterweise war Klebreis (der, richtig gegart, nicht klebrig, sondern recht bißfest und trocken ist) beinahe mit Sicherheit das Grundnahrungsmittel der ersten einwandernden Thai, die von Norden aus dem heutigen Yunnan und Laos

Verwenden Sie auf keinen Fall die faden Gemüse, die heute die meisten Supermarktregale auszeichnen. Die Dorfbewohner im Norden haben auch eine Vorliebe für Innereien. Inwieweit Sie es ihnen hier nachtun wollen, hängt ganz von Ihren persönlichen Vorlieben ab. Zweifelsohne geben Innereien Gerichten einen kräftigen Geschmack und eine besondere Konsistenz, aber sie sind nicht jedermanns Sache.

Fisch spielt im Norden seit jeher eine unbedeutendere Rolle in der Ernährung als in allen anderen Regionen Thailands. In diesem bergigen Land sind die meisten Flüsse recht schnell und schmal, und es gibt nur wenige Seen. In jüngerer Zeit nahmen Fischfarmen mit Erfolg ihre Arbeit auf, doch die echte ländliche Küche besteht vor allem aus Fleisch- und Gemüsegerichten und insbesondere den typisch nördlichen Versionen von *nam phrik,* den für Thailand charakteristischen pikanten Dip.

MIENG KUM

Thailändische Vorspeise

Diese Köstlichkeit findet man in Thailand nur selten, obwohl sie sehr beliebt ist. Die Thai verwenden für sie frische Blätter von Bäumen oder Wein, die hier jedoch durch Kopfsalat ersetzt wurden. Ein Gericht, dessen Zubereitung sich lohnt.

•FÜR 6 BIS 8 PERSONEN•
5 EL Kokosraspeln, bei 180 °C im Backofen hellbraun geröstet
3 EL feingewürfelte Schalotten
3 EL kleine Stücke geschnittene Limette
3 EL gewürfelte Ingwerwurzel
3 EL gehackte getrocknete Garnelen
3 EL ungesalzene geröstete Erdnüsse
2 TL gehackte frische kleine grüne Chillies
1 Kopfsalat oder eßbare Gemüseblätter
SAUCE
2 EL ungesüßte Kokosraspeln
¹/₂ EL Garnelenpaste
¹/₂ TL in Scheiben geschnittener Galgant (ka)
¹/₂ TL in Scheiben geschnittene Schalotte

3 EL gehackte ungesalzene Erdnüsse
2 EL gehackte getrocknete Garnelen
1 TL in Scheiben geschnittene Ingwerwurzel
150 g Palmzucker
550 ml Wasser

Zunächst die Sauce zubereiten: Garnelenpaste, Galgant und Schalotten bei 180 °C 5 Minuten im Backofen rösten, bis sie duften, dann abkühlen lassen. Mit Erdnüssen, Garnelen und Ingwer in den Mixer oder die Küchenmaschine geben und fein hacken oder im Mörser fein zerreiben.

Die Mischung mit Zucker und Wasser in einen schweren Topf geben, gut durchrühren und zum Kochen bringen. Köcheln lassen, bis sie auf etwa 250 ml reduziert ist. Von der Kochstelle nehmen und abkühlen lassen.

Zum Servieren die Sauce in eine Servierschüssel gießen und alle anderen Zutaten einzeln in Häufchen auf einer Platte oder in kleinen Schalen anrichten. Zum Essen ein Salatblatt nehmen, von jeder Zutat eine kleine Menge in die Mitte setzen, einen Löffel Sauce darübergeben und das Blatt zusammenfalten.

KAENG HO

Gemischtes Curry aus dem Norden

Dieses Gericht wird gewöhnlich aus Resten zubereitet. Hier werden zwei verschiedene Gerichte mit einigen Extras verwendet.

•FÜR 6 PERSONEN•

3 EL Erdnuß- oder Maisöl
1 Portion Chilipaste (siehe kaeng liang, Seite 79)
1/2 Rezept kaeng ok kai, abgetropft (siehe unten)
1/2 Rezept kaeng heng yod, abgetropft (siehe Seite 79)
100 g Glasnudeln (woon sen), 5 Minuten in Wasser eingeweicht
50 g Bambussprossen
4 kleine weiße Auberginen, geviertelt
2 frische rote Chillies, längs geviertelt
Limetten- oder Zitronensaft nach Geschmack
Zucker nach Geschmack

Das Öl in einem Topf oder Wok erhitzen und die Chilipaste darin 15 Minuten braten. Beide *kaeng*-Sorten dazugeben und 10 Minuten unter Rühren braten, dann die restlichen Zutaten zufügen. Gut durchrühren und den Topfinhalt noch einmal 10 Minuten garen, dann abschmecken – das Curry sollte leicht süß-sauer sein. Falls nötig, noch etwas Zitronensaft oder Zucker hinzufügen.

Mit Reis als Beilage servieren.

KAENG OK KAI

Hühner-Curry aus dem Norden

Ein pikantes Hühner-Curry ohne Currypulver – diesem Gericht verleihen gehackte rote Chilischoten seine Schärfe.

•FÜR 4 BIS 6 PERSONEN•

50 ml Erdnuß- oder Maisöl
450 g Huhn (mit Haut und Knochen), mit Knochen
in kleine Stücke geschnitten
1,25 l Wasser
4 Kaffir-Limettenblätter, geviertelt
2 Stengel Zitronengras, halbiert
1 EL Fischsauce
CHILIPASTE
10 getrocknete rote Chillies, grobgehackt
2 EL fein geschnittenes Zitronengras
2 EL in Scheiben geschnittene Schalotten
1/2 EL in Scheiben geschnittener Knoblauch
1 TL Galgant (ka)
1 TL gehackte Korianderblätter
1 TL Garnelenpaste
1/4 TL Kurkuma

Alle Zutaten für die Chilipaste im Mörser oder Mixer zu einer feinen Paste verarbeiten.

Das Öl in einem Topf erhitzen. Die Chilipaste hinzufügen und bei mittlerer Hitze 1 Minute braten. Die Hühnerstücke dazugeben und braten, dann Wasser und alle verbliebenen Zutaten hinzufügen. Den Topfinhalt etwa 20 Minuten kochen, bis das Fleisch weich und das Curry etwa um die Hälfte der ursprünglichen Menge eingekocht ist.

Als Beilage Reis servieren.

KAENG PHAKKAD CHO

Schweinefleisch-Spinat-Curry-Suppe

•FÜR 4 BIS 6 PERSONEN•

650 ml Wasser
450 g Schweinerippchen, in 3 cm große Stücke geteilt
1/2 EL Tamarindensaft
1/2 EL Fischsauce
2 TL gehackte Sardellen oder gesalzener Trockenfisch
300 g frische Spinatblätter
2 TL in Scheiben geschnittener Knoblauch
2 TL in Scheiben geschnittene Schalotten
2 EL Erdnuß- oder Maisöl
4 getrocknete rote Chillies

Das Wasser in einem Topf zum Kochen bringen. Schweinerippchen zugeben und das Wasser wieder kochen lassen. Das Fleisch 20 bis 25 Minuten garen, bis es weich ist. Tamarindensaft, Fischsauce und Sardellen hinzufügen. Den Topfinhalt wieder zum Kochen bringen, 5 Minuten köcheln lassen, den Spinat zufügen und den Topf nach 1 Minute von der Kochstelle nehmen. Das Curry in eine Schüssel füllen.

Knoblauch, Schalotte und Chillies im Öl in einer Pfanne braten, bis sie hellbraun sind. Mit dem Öl über die Curry-Suppe geben.

Als Beilage Reis servieren.

KAENG HANG LEI

Schweinefleisch-Curry aus dem Norden

Dieses Gericht kam ursprünglich von der anderen Seite der birmesischen Grenze, wie die Verwendung von Tamarinde und Kurkuma verrät. Der Palmzucker verleiht ihm bewußt etwas Süße.

•F Ü R   6   P E R S O N E N•
4 Stengel Zitronengras, gehackt
1 EL gehackter Galgant (ka)
1 EL Garnelenpaste
4 getrocknete rote Chillies, gehackt
1 kg Schweinebauch, in kleine, 1 cm dicke Streifen geschnitten
650 ml kaltes Wasser
1 EL Kurkuma
1 TL dunkle Sojasauce

10 Schalotten, in Scheiben geschnitten
50 g Palmzucker
50 g gehackte und zerriebene Ingwerwurzel
50 ml Tamarindensaft
2 EL gehackter Knoblauch
1/2 EL eingelegte Sojabohnen
Fischsauce nach Geschmack (nach Belieben)

Zitronengras, Galgant, Garnelenpaste und Chillies im Mörser oder Mixer pürieren, dann mit dem Schweinebauch mischen. Mit Wasser, Kurkuma und Sojasauce in einen Topf geben. Zum Kochen bringen und etwa 15 Minuten kochen lassen, bis das Fleisch weich ist, dann die restlichen Zutaten hinzufügen. Noch einmal 5 bis 8 Minuten kochen und von der Kochstelle nehmen. Abschmecken und nach Belieben mit Fischsauce würzen.

KAENG HENG YOD

Suppe aus dem Norden Thailands

• FÜR 4 BIS 6 PERSONEN •
900 ml Wasser
150 g Hühnerbrustfilet
300 g Schweinehackfleisch
1 EL eingelegter Kohl
50 g in Scheiben geschnittene Zwiebel
2 EL Fischsauce
15 g getrocknete große Garnelen, 5 Minuten in kaltem Wasser eingeweicht
15 g Spinatblätter
2 EL Tamarindensaft

Das Wasser in einem Topf zum Kochen bringen und die Hühnerbrust darin 7 bis 10 Minuten garen, bis sie vollkommen durch ist. Herausnehmen und in dünne Scheiben schneiden. In das gleiche Garwasser Hackfleisch, Kohl, Zwiebel und Fischsauce geben. Das Wasser zum Kochen bringen und die übrigen Zutaten zufügen. Noch einmal aufkochen lassen, dann in Suppenschalen gießen.

Mit Reis als Beilage servieren.

KAENG LIANG

Pikante Gemüsesuppe mit Garnelen

• FÜR 4 BIS 6 PERSONEN •
2 l Hühnerbrühe
200 g Kürbisfleisch, gewürfelt
150 g Bananenblüte (falls erhältlich)
100 g junger Butternuß-Kürbis, in Keile geschnitten (mit Samen)
100 g grüne Bohnen, in gut 2 cm lange Stücke geschnitten
1/2 EL Fischsauce
200 g große rohe Garnelen, geschält
50 g Basilikumblätter
CHILIPASTE
100 g Schalotten, in Scheiben geschnitten
10 weiße Pfefferkörner
25 g getrocknete Garnelen, gehackt
3 frische kleine grüne Chillies, gehackt
1/2 EL Garnelenpaste

Die Zutaten für die Chilipaste im Mörser oder Mixer pürieren.

Die Brühe in einen Topf gießen und die Chilipaste dazugeben. Zum Kochen bringen, dann die Gemüse hinzufügen und 10 Minuten kochen lassen. Die Fischsauce zugeben, dann Garnelen und Basilikum. Weitere 3 bis 5 Minuten garen.

Mit Reis als Beilage servieren.

TOM HANG WUA

Ochsenschwanzsuppe

Eine thailändische Variante dieses im Westen so beliebten Gerichtes.

• FÜR 4 BIS 6 PERSONEN •
450 g Ochsenschwanz, vorbereitet
1,5 l Hühnerbrühe
2 TL helle Sojasauce
1 TL Salz
1/4 TL schwarze Pfefferkörner, zerstoßen
3 Korianderwurzeln, zerdrückt
200 g große Kartoffeln, geschält und gewürfelt
200 g Tomaten, geviertelt
10 frische kleine grüne Chillies, zerdrückt und in 3 Stücke geschnitten
100 g Zwiebeln, in 6 Stücke geschnitten
1 TL zerdrückter Knoblauch
1/4 TL Zucker
2 EL gehackte Korianderblätter

Den Ochsenschwanz im Backofen bei 180 °C oder in der Pfanne ohne Fett braun rösten. Das Fleisch auslösen und in 3 cm große Stücke schneiden.

Die Brühe in den Wok oder einen Topf gießen und mit Sojasauce, Salz, Pfefferkörnern und Korianderwurzeln zum Kochen bringen, mit dem Ochsenschwanz weitere 10 Minuten kochen lassen. Die restlichen Zutaten ohne den Koriander dazugeben und etwa 15 Minuten kochen lassen, bis die Kartoffeln gar sind. Von der Kochstelle nehmen, in Schalen gießen und mit den Korianderblättern bestreuen.

Mit Reis als Beilage servieren.

SAI OOA

Pikante Würste aus dem Norden

•FÜR 6 BIS 8 PERSONEN•
350 g fettes Schweinehackfleisch
¹/₂ Frühlingszwiebel, in dünne Scheiben geschnitten
1 EL in feine Streifen geschnittenes Kaffir-Limettenblatt
1 EL Fischsauce
¹/₄ TL Salz
0,5 m Wurstdarm, mit Salz abgerieben und gewaschen
CHILIPASTE
5 getrocknete rote Chillies, gehackt
1 EL gehackte Schalotte
1 EL gehackter Knoblauch
¹/₂ EL gehacktes Zitronengras
¹/₂ TL gehackte Korianderwurzel oder -stengel
¹/₂ TL gehacktes Kaffir-Limettenblatt
¹/₂ TL Garnelenpaste
¹/₄ TL gehackter Galgant (ka)

Alle Zutaten für die Chilipaste im Mörser oder Mixer zu einer feinen Paste verarbeiten. Die Paste in einer Schüssel mit Schweinefleisch, Frühlingszwiebel, Limettenblatt, Fischsauce und Salz vermischen.

Die Masse in die Wursthülle füllen und die Enden zubinden. Die Wurst spiralförmig aufrollen und mit einem Holzspieß zusammenstecken. Im Backofen bei 180 °C etwa 15 Minuten braten, bis die Wurst vollständig gegart und gut gebräunt ist. In gut 2 cm dicke Scheiben schneiden.

Mit Kopfsalat, Schalottenscheiben, kleinen, scharfen Chillies und in Scheiben geschnittener Ingwerwurzel als Beilage servieren.

LAAB DIP

Salat von rohem Rindfleisch

Laab aus Nordthailand unterscheidet sich von der bekannteren Variante aus Esan (siehe Seite 86) hauptsächlich dadurch, daß es keinen gerösteten und gemahlenen Reis enthält. Zudem haben die Menschen des Nordens eine besondere Vorliebe für Gerichte aus rohem Fleisch. Dieses Gericht mag den gleichen Ursprung haben wie das uns besser vertraute Tatar.

•FÜR 6 PERSONEN•
200 g sehr frische Rinderlende, in letzter Minute feingehackt
50 g Rinderleber, in dünne Scheiben geschnitten
100 ml sehr frisches Rinderblut
10 g Minzeblätter
3 EL in dünne Scheiben geschnittene Frühlingszwiebel
3 EL Limetten- oder Zitronensaft
¹/₂ EL Fischsauce
¹/₂ TL Chilipulver

Alle Zutaten sorgfältig vermischen und auf Serviertellern anrichten.

Mit rohem Wasserspinat, rohen Kohlspalten, frischem Basilikum und Klebreis als Beilage servieren.

NAM PHRIK ONG

Pikanter Fleisch-Tomaten-Dip

Dies ist ein relativ milder Dip, und nach Art des Nordens schöpft man ihn mit Schweineschwarte, Gemüsen oder Klebreis direkt aus der Servierschüssel.

•FÜR 4 BIS 6 PERSONEN•

6 getrocknete rote Chillies, gehackt
3 EL gehackte Schalotten
1 EL fein geschnittenes Zitronengras
1 EL gehackter Knoblauch
2 TL Garnelenpaste
2 TL Salz
2 EL Erdnuß- oder Maisöl
50 g rohes Schweinehackfleisch
8 Kirschtomaten, gewürfelt
100 ml Wasser
Zitronensaft nach Geschmack
Fischsauce nach Geschmack
Zucker nach Geschmack
25 g Korianderblätter

Chillies, Schalotten, Zitronengras, Knoblauch, Garnelenpaste und Salz im Mörser oder Mixer zu einer Paste verarbeiten.

Das Öl im Wok oder einem Topf erhitzen. Die Chilipaste mit Hackfleisch und Tomaten dazugeben und etwa 15 Minuten garen, bis die Mischung dick geworden ist. Das Wasser hinzufügen und 10 Minuten einkochen lassen.

Mit Zitronensaft, Fischsauce und/oder Zucker abschmecken und mit den Korianderblättern garnieren.

Mit rohen oder leicht gegarten Gemüsen, Klebreis und, falls möglich, knuspriger Schweineschwarte (oft unter der spanischen Bezeichnung »chicharrones« erhältlich) als Beilage servieren.

NAM PHRIK NUM

Grüner Chilidip

Ein sehr scharfer, aber erfrischender Dip. Wird gewöhnlich mit Klebreis und verschiedenen rohen Gemüsen als Teil einer größeren Mahlzeit gegessen. Traditionell bedienen sich alle aus einer in der Mitte stehenden Schüssel.

•FÜR 6 PERSONEN•

1 EL gehackte gesalzene Trockenmakrelen oder Sardellen
4 EL Erdnuß- oder Maisöl
10 frische grüne Chillies, 5 cm lang, grobgehackt
10 Knoblauchzehen, grobgehackt
6 Schalotten, grobgehackt
3 Kirschtomaten
2 EL heißes Wasser
1 EL gehackte Frühlingszwiebel
1 EL gehackte Korianderblätter
Fischsauce nach Geschmack (falls gewünscht)

Den Trockenfisch bei mittlerer Hitze im Öl 7 bis 10 Minuten braten, dann abtropfen lassen. Chillies, Knoblauch, Schalotten und Tomaten 8 bis 10 Minuten ohne Fett rösten, bis sie duften. In eine Schüssel geben und den Trockenfisch gut untermischen, dann Wasser, Frühlingszwiebeln und Koriander einarbeiten. Die Mischung sollte eine saucenartige Konsistenz haben und ein wenig salzig sein. Falls nicht, noch etwas Wasser oder Fischsauce dazugeben.

Mit rohen Kohlspalten, in Scheiben geschnittener Salatgurke, rohen grünen Bohnen und/oder gebratenem Fisch servieren.

KHAO SOI

Nudelcurry

Ein beliebtes Mittagsgericht in Chiang Mai und anderen Städten des Nordens. Die Curryzutaten verraten seinen indischen Ursprung, doch *khao soi* kam über Birma und insbesondere das Shanhochland nach Thailand. Die knusprigen Nudeln fügt man im letzten Moment hinzu, damit sie nicht weich werden, die Würzzutaten erlauben eine individuelle Wahl der Aromen.

• F Ü R   4   B I S   6   P E R S O N E N •

1,25 l dünne Kokosmilch
300 g Hühnerbrustfilet, längs in 1 cm dicke Scheiben geschnitten
1 EL helle Sojasauce
1 EL dunkle Sojasauce
2 TL Salz
400 g getrocknete oder 200 g frische Eiernudeln (ba mii)
Erdnuß- oder Maisöl zum Fritieren

CHILIPASTE

4 getrocknete rote Chillies, grobgehackt
1 EL gehackte Schalotte
2 TL in Scheiben geschnittene Ingwerwurzel
1 TL Koriandersamen
1 TL Kurkuma

Die Zutaten für die Chilipaste bei 180 °C ohne Fett 8 bis 10 Minuten im Backofen rösten, bis sie duften, dann im Mörser oder Mixer zu einer feinen Paste verarbeiten.

In einem Topf oder Wok 250 ml Kokosmilch erhitzen und die Chilipaste hinzufügen. 2 Minuten garen, dann Hühnerfleisch und beide Sojasaucen dazugeben. Die Zutaten 3 Minuten unter Rühren braten. Die restliche Kokosmilch zugießen und den Topfinhalt 3 Minuten kochen lassen. Salzen und von der Kochstelle nehmen.

100 g Nudeln im heißen Öl fritieren, bis sie knusprig sind. Herausnehmen und abtropfen lassen. Die restlichen Nudeln 6 bis 8 Minuten in Wasser garen, bis sie gerade weich sind. Abtropfen lassen.

Die gekochten Nudeln auf Servierschalen verteilen und die Hühnerfleischmischung darübergießen. Mit den fritierten Nudeln garnieren.

Als Beilage Schalen mit gewürfelten Schalotten, eingelegtem Kohl und Chilipulver reichen.

KHANOM CHIIN NAM NGIO

Weiße Nudeln mit pikanter Fleischsauce

Dies ist die nordthailändische Variante von *khanom chiin*, für das das Standardrezept auf Seite 24 zu finden ist.

• F Ü R   4   B I S   6   P E R S O N E N •

50 ml Erdnuß- oder Maisöl
300 g Schweinehackfleisch
300 g Schweinerippchen, in gut 2 cm große Stücke geteilt
100 g Geflügel-Blutwurst, in gut 2 cm große Stücke geschnitten
1,25 l Hühnerbrühe
1 EL eingelegte schwarze Sojabohnen, püriert
1 EL Salz
150 g Kirschtomaten
400 g frische schmale Reis-Bandnudeln (getrocknete Nudeln ggf.
5 Minuten einweichen und 2 Minuten kochen) oder gegarte Spaghetti

CHILIPASTE

7 getrocknete rote Chillies, gehackt
25 g Knoblauch, gehackt
15 g Schalotte, gehackt
2 EL gehacktes Zitronengras
1 EL gehackter Galgant (ka)
1 TL gehackte Korianderwurzel oder -stengel
1 TL Garnelenpaste
1 TL Salz

Alle Zutaten für die Chilipaste im Mörser oder Mixer zu einer feinen Paste verarbeiten.

Das Öl im Wok oder einem Topf erhitzen, die Chilipaste darin braten und dann das Hackfleisch und die Rippchen hinzufügen. 10 Minuten garen, gut durchrühren, Blutwurst, Brühe, Sojabohnen und Salz hinzufügen. Zum Kochen bringen, die Tomaten dazugeben und den Topfinhalt etwa 20 Minuten köcheln lassen, bis die Rippchen weich sind.

Die Reisnudeln in kochendem Wasser 5 bis 8 Minuten garen, bis sie gerade weich sind. Abtropfen lassen und in Servierschalen geben. Die Fleischmischung über die Nudeln schöpfen.

Mit gebratenen Knoblauchscheiben, fritierten getrockneten roten Chillies, Frühlingszwiebeln, frischem Koriander und Limettenspalten servieren.

DER NORDOSTEN

Das riesige Gebiet, das im Nordosten an den Mekong grenzt, hat unter allen Regionen kulturell den ausgeprägtesten Charakter und eine kulinarische Tradition, die stärker laotisch als thailändisch ist. Die Thai nennen es Issaan (Esan). Es ist zudem Thailands ärmste Region. In der kühlen, trockenen Jahreszeit, die im November beginnt, wirkt die Landschaft freundlich, obwohl sie weder besonders schön noch interessant ist. Das Land ist so flach, daß zahlreiche Dörfer nach kaum sichtbaren Bodenerhebungen benannt wurden. Noch mehr als der Norden ist Esan das Land des Klebreises. In der Wintersonne kann man kleine Gruppen von Bauern bei der Reisernte sehen, und auf dem Land werden aus Bambus geflochtene Reisdämpfer am Straßenrand zum Verkauf angeboten.

Doch einige Monate später, wenn die heiße Jahreszeit gekommen ist, backt das Land in der Sonne. Die Hitze ist unerträglich, und selbst der schwerfällige Gang eines Wasserbüffels wirbelt Wolken aus feinem Staub auf, der nur langsam wieder herabsinkt. Die Armut des Esan ist durch seine berüchtigten Dürreperioden bedingt. Selbst wenn der Monsun rechtzeitig kommt, reicht der Regen oft nicht, und in manchen Jahren bleibt er ganz aus. Unter den Traufen beinahe jedes Hauses stehen einer oder mehrere riesige irdene Wasserkrüge, manche anderthalb Meter hoch und ebenso breit, um möglichst viel Wasser aufzufangen, wenn einmal Regen fällt.

Eine der Auswirkungen dieser Dürreperioden ist die Abwanderung von Arbeitskräften nach Bangkok. Nicht alle verlassen das Land für immer. Viele bleiben nur in den Monaten zwischen Aussaat und Ernte in der Stadt, um Geld zu verdienen, das sie mit nach Hause bringen. Natürlich sind ihnen die Speisen des Esan gefolgt, und Händler, die *som tam thai*, Salat von grüner Papaya, verkaufen, sind in den Straßen Bangkoks ein vertrauter Anblick. In den letzten Jahren haben Restaurants mit Esan-Spezialitäten in der Hauptstadt einen kleinen Boom erlebt, und obwohl die für diese Küche typische Schärfe den meisten Bewohnern Bangkoks ebenso fremd ist wie Menschen aus dem Westen, hat sie Anklang gefunden. Eines meiner Lieblingsrestaurants, das in der Ploenchit Road unweit der Britischen Botschaft liegt, trägt den Namen »Issaan Classic« ... seine Besitzer haben allerdings eine sehr freie Übersetzung ins Englische vorgenommen und ein beleuchtetes Schild nach draußen gehängt, auf dem »Isn´t Classic« zu lesen ist!

RECHTS *Eine alte Frau verkauft auf einem Straßenmarkt Gewürze.*

UNTEN *Beim Elefantenfest. In einigen Gegenden Thailands spielen Elefanten noch heute eine wichtige Rolle im Alltag.*

LINKS *Büffel gelten im allgemeinen als wild, doch im Umgang mit ihren Besitzern sind sie meist sehr sanft. Das Kind treibt am Abend die Büffel in den Stall.*

LAAB KAI

Pikantes Hühnerfleisch

Eine der Besonderheiten dieses Gerichtes aus dem Nordosten ist die Zugabe von ungegartem Klebreis, der zunächst (im Backofen oder ohne Fett im Wok) goldbraun geröstet und anschließend im Mörser zermahlen wird. Dadurch erhält das Gericht einen etwas nussigen Geschmack und mehr Gehalt.

•FÜR 6 PERSONEN•

450 g feingehacktes Hühnerfleisch

50 g in Scheiben geschnittene Schalotten

10 g Korianderblätter

*4 EL Klebreis, 8 bis 10 Minuten ohne Fett braun geröstet
und fein zermahlen*

4 EL Zitronensaft (oder nach Geschmack)

3 EL Fischsauce (oder nach Geschmack)

1 EL gehackte getrocknete rote Chilischote (oder nach Geschmack)

¹/₂ TL Zucker

frische Minzeblätter zum Garnieren

Das gehackte Hühnerfleisch bei schwacher Hitze 10 Minuten in einer beschichteten Pfanne garen – weder Wasser noch Öl zufügen. Das gegarte Fleisch in eine Schüssel geben und sorgsam mit den übrigen Zutaten, die Minze ausgenommen, vermischen. Abschmecken und nötigenfalls noch Zitronensaft, Fischsauce oder Chillies hinzufügen. Die Minze als Garnierung darüberstreuen.

Mit rohen Kohlblättern, Frühlingszwiebeln und rohen grünen Bohnen als Beilage servieren.

KAI YANG

Gegrilltes Huhn

Dieses ist die Esan-Version eines Gerichtes, das es in vielen Küchen gibt. Die Marinade macht es jedoch zu etwas Besonderem.

•FÜR 4 PERSONEN•
1 Huhn (1 kg schwer), halbiert
10 Knoblauchzehen, feingehackt
2 EL schwarze Pfefferkörner, zerstoßen
2 EL helle Sojasauce
2 EL Zucker
2 EL Weinbrand oder Sherry
1 TL Salz
SAUCE
200 ml heller Essig
50 g Zucker
3 Knoblauchzehen, frisch oder eingelegt, grobgehackt
2 frische rote Chillies, püriert
¹/₂ EL Salz

Die Hühnerhälften mit allen Zutaten (außer der Sauce) in eine Schüssel geben und sorgfältig drehen. 3 bis 4 Stunden zum Marinieren beiseite stellen. 30 Minuten über Holzkohlenglut grillen, dabei gelegentlich drehen, oder bei 180 °C 40 Minuten im Backofen braten, nach halber Garzeit wenden.

In der Zwischenzeit die Zutaten für die Sauce vermischen und bei mittlerer Hitze kochen, bis eine dicke Mischung entstanden ist. Abkühlen lassen und zu dem gebratenen Huhn reichen.

Mit Klebreis oder gedämpftem Reis und *som tam thai* (siehe Seite 93) als Beilage servieren.

NEUA YANG

Gegrilltes Rindfleisch

Gut geeignet für sommerliche Grillfeste.

•FÜR 4 BIS 6 PERSONEN•
500 g Rindfleisch mit etwas Fett (Sirloin Steak)
3 TL helle Sojasauce

Das Fleisch mit der Sojasauce einreiben und 3 Stunden in den Kühlschrank stellen. Bei starker Hitze 10 bis 15 Minuten (je nachdem, wie stark es durchgebraten sein soll) grillen, und zwischendurch einmal drehen, oder bei 180 °C im Backofen braten. In dünne Scheiben schneiden.

Mit Klebreis, Gurkenscheiben und *nam chim*-Sauce (siehe *lin yang*, Seite 88) als Beilage servieren.

LIN YANG

Gegrillte Zunge

•FÜR 4 PERSONEN•
500 g ganze Rinderzunge
1 TL Salz
1 TL dunkle Sojasauce
¹/₂ TL Zucker
¹/₄ TL helle Sojasauce
2 EL Erdnuß- oder Maisöl
NAM CHIM-SAUCE
2 EL Fischsauce
1 getrocknete rote Chilischote, zerrieben
1 EL Klebreis, einige Minuten ohne Fett geröstet und zermahlen
¹/₂ EL Zitronensaft
¹/₂ EL gehackte Frühlingszwiebel
1 TL in Scheiben geschnittene Schalotte
1 Prise Zucker

Die Zunge vorbereiten und mit Salz, dunkler Sojasauce, Zucker und heller Sojasauce einreiben. 1 Stunde in den Kühlschrank stellen, dann mit dem Öl einreiben und bei mittlerer Hitze 15 bis 20 Minuten grillen oder bei 180 °C ohne Deckel im Backofen braten, bis beim Einstechen mit einer Gabel klarer Saft austritt – nach 10 Minuten drehen. Herausnehmen und quer in dünne Scheiben schneiden.

Die Zutaten für die *nam chim*-Sauce vermischen und die Sauce zu der Zunge reichen.

Als Beilage Reis servieren.

NAM TOK

Salat von Rindfleischscheiben

•FÜR 4 BIS 6 PERSONEN•
300 g Rinderlende
¹/₂ TL Salz
¹/₂ TL gemahlener weißer Pfeffer
¹/₂ EL Fischsauce (oder nach Geschmack)
100 ml Hühnerbrühe
3 Frühlingszwiebeln, in dünne Scheiben geschnitten
25 g in Scheiben geschnittene Schalotte
15 Minzeblätter
2 EL Klebreis, einige Minuten ohne Fett geröstet und zermahlen
2 EL Limetten- oder Zitronensaft (oder nach Geschmack)
1 EL zerriebene getrocknete Chilischote (oder nach Geschmack)
1 TL Zucker

Das Rindfleisch mit Salz, Pfeffer und ¹/₂ Eßlöffel Fischsauce würzen und bei starker Hitze auf jeder Seite etwa 7 Minuten grillen, bis es nach Ihren Wünschen durchgebraten ist. In dünne Scheiben schneiden.

Die restlichen Zutaten in einer Schüssel sorgfältig vermischen und die Rindfleischscheiben unterheben. Abschmecken und nach Geschmack mehr Fischsauce, Chillies und Zitronensaft hinzufügen.

Mit rohen Kohlspalten, frischem Basilikum, Kopfsalat oder anderen rohen Gemüsen und Reis als Beilage servieren.

TAP WAAN

Pikanter Salat von Rinderleber

Recht kräftig gewürzt, aber eine schöne, ungewöhnliche Methode, Leber zu servieren.

•FÜR 4 PERSONEN•
50 ml Hühnerbrühe
300 g Rinderleber, in dünne Scheiben geschnitten
25 g in Scheiben geschnittene Schalotten
10 g Minzeblätter
3 Frühlingszwiebeln, feingehackt
50 ml Limetten- oder Zitronensaft
2 EL Klebreis, einige Minuten ohne Fett geröstet und zermahlen
2 EL zerstoßene getrocknete rote Chillies
2 EL Fischsauce

Die Hühnerbrühe in einem Topf zum Kochen bringen. Die Leber zufügen und garen, bis sie rosa ist. Den Topf von der Kochstelle nehmen, die Leber abtropfen lassen mit den restlichen Zutaten vermischen. Den Salat gut durchheben und auf einer Platte anrichten.

Mit rohen grünen Bohnen, Wasserspinat, Kohlblättern, frischem Basilikum und Klebreis als Beilage servieren

LAP PLAA DUK

Pikanter Fischsalat

•FÜR 4 PERSONEN•
1 Wels (300 g schwer),
gesäubert und ausgenommen
1 EL Erdnuß- oder Maisöl
10 g Minzeblätter, in Streifen geschnitten
3 EL Limettensaft (oder nach Geschmack)
3 EL in Scheiben geschnittene Schalotten
2¹/₂ EL Fischsauce (oder nach Geschmack)
1¹/₂ EL Klebreis, einige Minuten ohne Fett in der Pfanne geröstet und zermahlen
1 TL Chilipulver
1 TL in feine Streifen geschnittenes Kaffir-Limettenblatt

Den Fisch mit dem Öl einreiben bei 180 °C 40 Minuten im Backofen braten, bis er gar, aber noch fest ist. Haut und Gräten entfernen. Das Fleisch fein hacken. In eine Schüssel geben und die restlichen Zutaten sorgfältig untermischen. Den Salat abschmecken und, falls gewünscht, mehr Fischsauce oder Limettensaft hinzufügen.

Mit rohen grünen Bohnen, Kohl, Basilikum und Frühlingszwiebeln servieren.

TOM SAEP

Suppe nach Art des Esan

•FÜR 4 BIS 6 PERSONEN•

je 100 g Rinder- oder Kalbsherz, Leber, Lunge, Nieren und kleine Innereien
(nach Belieben), gesäubert und vorbereitet
1,25 l Wasser
25 g Galgant (ka), in Scheiben geschnitten
3 Stengel Zitronengras, in 3 cm große Stücke geschnitten und zerdrückt
5 Kaffir-Limettenblätter, in feine Streifen geschnitten
1 ¹/₂ EL Fischsauce
1 EL Zitronensaft
2 getrocknete rote Chillies, zerstoßen

¹/₂ TL Salz
1 Frühlingszwiebel, in 1 cm große Stücke geschnitten

Alle Innereien in einem Topf mit Wasser 30 bis 40 Minuten garen, bis sie weich sind. In kaltem Wasser gut waschen und in recht kleine Stücke schneiden.

Die gegarten Innereien in einen Topf mit Wasser geben und das Wasser zum Kochen bringen. Alle übrigen Zutaten mit Ausnahme der Frühlingszwiebel hinzufügen. Die Zutaten 2 Minuten kochen, dann die Frühlingszwiebel dazugeben und den Topf von der Kochstelle nehmen. Sofort servieren.

Als Beilage Klebreis oder gedämpften Reis servieren.

KAENG NORMAI

Suppe von Bambussprossen

•FÜR 4 BIS 6 PERSONEN•

550 ml Wasser

3 EL gehackte gesalzene Trockenmakrelen oder Sardellen

1 Stengel Zitronengras, kleingeschnitten und leicht zerstoßen

3 Blätter von Kaffir-Limetten, in kleine Stücke zerzupft

50 g Kürbisfleisch, in 2 cm große Stücke geschnitten

50 g Bambussprossen, geschnitten

25 g grüne Bohnen, in 2 cm lange Stücke geschnitten

3 kleine weiße Auberginen, geviertelt

3 frische kleine grüne Chillies, leicht zerstoßen

3 frische große grüne Chillies, in drei Stücke geschnitten

1 EL Fischsauce

15 g Basilikumblätter

Das Wasser in einem Wok oder Topf zum Kochen bringen und Trockenfisch, Zitronengras und Limettenblatt hinzufügen. Nach 1 Minute die restlichen Zutaten, außer Basilikum, zugeben und 7 bis 10 Minuten köcheln lassen, bis der Kürbis weich ist. Das Basilikum hineinrühren und den Topf sofort von der Kochstelle nehmen.

Mit Reis als Beilage servieren.

SUP NORMAI

Feine Bambussprossen-Streifen

Obwohl dieses Gericht als Suppe bezeichnet wird, enthält es keine Brühe und ist eigentlich eher ein Salat.

•FÜR 6 PERSONEN•

500 g Bambussprossen, in lange, schmale Stifte geschnitten

2 Frühlingszwiebeln, in Scheiben geschnitten

10 Minzeblätter

2 EL Klebreis, einige Minuten ohne Fett geröstet und zermahlen

2 EL Zitronensaft

2 EL in Scheiben geschnittene rote Zwiebel

$^1/_2$ EL Fischsauce

1 getrocknete rote Chilischote, zerrieben

Frische Bambussprossen etwa 10 Minuten in Wasser garen, bis sie weich sind, Bambussprossen aus der Dose 1 Minute. Abtropfen lassen (das Wasser weggießen) und unter kaltem Wasser sorgsam abspülen. In eine Schüssel geben und gut mit den restlichen Zutaten vermischen.

Mit gebratenem Huhn und rohem Gemüse servieren.

KAENG PAA MOO PAA

Ländliches Wildschweincurry

Wildschwein ist für das Gericht kein absolutes Muß. Als Ersatz kann Schweinefleisch verwendet werden.

•FÜR 4 PERSONEN•
50 ml Erdnuß- oder Maisöl
200 g Wildschwein- oder Schweinelende, in 1 x 2 x 3 cm großen Stücken
1,25 l Wasser
200 g Bambussprossen, gewürfelt
150 g kleine weiße Auberginen
100 g grüne Bohnen
50 g Krachai, längs in Scheiben geschnitten
3 frische rote Chillies, längs geviertelt
2 EL Fischsauce
3 Blätter von Kaffir-Limetten, in kleine Stücke zerzupft
10 g Basilikum
CHILIPASTE
25 g Schalotte, gehackt

25 g Knoblauchzehen, gehackt
15 g getrocknete rote Chilischote, gehackt
2 Korianderwurzeln, gehackt
1 EL gehacktes Zitronengras
1 TL gehackter Galgant (ka)
1 TL gehackte Kaffir-Limettenschale
1 TL Salz
$^1/_2$ TL Garnelenpaste

Alle Zutaten für die Chilipaste im Mörser oder Mixer pürieren.

Das Öl im Wok oder einem Topf erhitzen und die Chilipaste 3 Minuten braten. Das Fleisch hinzufügen und unter Rühren 2 Minuten braten, dann die Bambussprossen mit dem Wasser zugeben und 3 bis 5 Minuten garen, bis sie weich sind. Auberginen, grüne Bohnen, Krachai, Chillies, Fischsauce und Limettenblatt zufügen und den Topfinhalt noch einmal 3 Minuten garen, dann von der Kochstelle nehmen. Das Basilikum hineinrühren und servieren.

Mit eingelegtem Knoblauch, in Salz eingelegten Eiern und Klebreis als Beilage servieren.

SAI KROK ISSAAN

Würste nach Art des Nordostens

• FÜR 4 BIS 6 PERSONEN •

150 g Schweinehackfleisch

50 g gegarter Reis

2 EL Limettensaft

1 TL gehackter Knoblauch

1 TL gemahlener weißer Pfeffer

1/2 TL Salz

1/4 TL Zucker

0,5 m Wurstdarm, mit Salz abgerieben und gewaschen

etwa 450 ml Erdnuß- oder Maisöl zum Fritieren

Schweinefleisch, Reis, Limettensaft, Knoblauch, Pfeffer, Salz und Zucker sorgfältig vermischen. In den Wurstdarm füllen und kleine Kugeln abbinden. Für 24 Stunden in den Kühlschrank stellen.

Die Wurst mit einem Zahnstocher einstechen. Das Öl in einem Topf auf 180 °C erhitzen und die Wurst etwa 15 Minuten braten, bis sie vollkommen durchgegart und rundum goldbraun ist. Die einzelnen Würste auseinanderschneiden.

Mit in Scheiben geschnittenem frischem Ingwer, frischem Kohl, frischen kleinen grünen Chillies, Erdnüssen, Frühlingszwiebeln und Korianderblättern servieren.

SOM TAM THAI

Salat von grüner Papaya

Unreife Papaya ist im Westen nicht ganz leicht erhältlich, aber für dieses berühmte Gericht aus dem Nordosten lohnt die Suche. Stände, die *som tam* anbieten, sind heute nicht nur überall im Nordosten ein vertrauter Anblick, sondern auch in allen großen Städten. Die Beliebtheit dieses Gerichtes, das traditionell mit Klebreis gegessen wird, beruht nicht zuletzt auf der Kombination süßer und saurer Aromen.

• FÜR 4 PERSONEN •

300 g grüne Papaya, geschält und in lange,

schmale Stifte geschnitten

7 frische kleine grüne Chillies

6 Knoblauchzehen, grobgehackt

50 g grüne Bohnen

in gut 2 cm lange Stücke geschnitten

50 g ungesalzene geröstete Erdnüsse

25 g getrocknete kleine Garnelen

6 Kirschtomaten, geviertelt

50 ml Limetten- oder Zitronensaft

1 EL Palmzucker

1 EL Fischsauce

Ein wenig Papaya sowie Chillies und Knoblauch im Mörser oder Mixer grob zerreiben. In eine Schüssel geben und Bohnen, Erdnüsse, Garnelen, Tomaten und die übrige Papaya hinzufügen. Die Zutaten sorgfältig durchheben, dann Zitronensaft, Zucker und Fischsauce untermischen.

Mit in mundgerechte Stücke geschnittenen rohen Gemüsen wie Wasserspinat und Spargelbohnen, Klebreis und gebratenem Huhn servieren.

JEOW BONG

Pikanter Dip aus dem Nordosten

Dieser Dip ist nicht übermäßig gewürzt, vereinigt aber in sich eine interessante Kombination von Aromen.

•FÜR 4 BIS 6 PERSONEN•
6 Knoblauchzehen
1 EL in Scheiben geschnittene Schalotte
1 TL gehackter Galgant (ka)
2 EL feingehackte Sardellen
1 EL Zitronensaft
1 getrocknete rote Chilischote, zerrieben
1 Kaffir-Limettenblatt, in kleine Stücke zerzupft
¹/₂ Stengel Zitronengras, fein geschnitten

Knoblauch, Schalotte und Galgant 3 Minuten bei mittlerer Hitze ohne Fett rösten, dann hacken. Mit den restlichen Zutaten im Mörser oder Mixer zerkleinern.

Mit Kohl, grünen Bohnen, frischem Basilikum und Klebreis servieren.

PLAA RAA SAWNG KREUNG

Fisch-Gemüse-Sauce

Der Nordosten hat seine eigene Variante der Fischsauce, die Fischstücke, Gemüse und Aromazutaten enthält. Sie riecht recht durchdringend!

•FÜR 6 BIS 8 PERSONEN•
550 ml dünne Kokosmilch
75 g gesalzene Trockenmakrele oder Sardellen
50 g Galgant (ka), in Scheiben geschnitten
50 g Zitronengras, fein geschnitten
150 g Welsfilet, ohne Haut, in Stücke geschnitten
6 frische kleine rote Chillies
1 EL in dünne Streifen geschnittenes Kaffir-Limettenblatt
50 g Krachai, längs in dünne Stifte geschnitten
100 g grüne Bohnen, in gut 2 cm lange Stücke geschnitten
50 g Schalotten, halbiert
50 g Bambussprossen, in 5 mm große Würfel geschnitten
4 kleine weiße Auberginen in Größe dicker Weintrauben
Fischsauce nach Geschmack (falls gewünscht)

Die Kokosmilch in einem Topf erhitzen. Den Trockenfisch hineingeben und 1 Minute kochen lassen, dann Galgant und Zitronengras hinzufügen und wieder kochen lassen. Wels, Chillies und Limettenblatt dazugeben und noch einmal 1 Minute kochen lassen. Krachai hinzufügen – nicht unterrühren – und wieder zum Kochen bringen. 3 Minuten köcheln lassen, die restlichen Zutaten zugeben und noch einmal 2 Minuten kochen lassen. Abschmecken und ggf. mit Fischsauce nachsalzen. Warm oder kalt servieren. Die Sauce schmeckt intensiver, wenn man sie zwei bis drei Tage in den Kühlschrank stellt.

Mit rohen Gemüsen und Reis servieren.

REGISTER